Enchaîné par des Plumes

Enchaîné par des Plumes

Arthur Celette

« Guérir l'âme au moyen des sens, et les
sens au moyen de l'âme. »

Oscar Wilde

201 120 911

J'ai vécu toute ma vie pour être libre. Il n'y avait pour moi de plus belle conquête que celle de l'emprise sur notre existence. Et il est vrai que ce mot « Liberté » n'évoque qu'exaltation et passion. Prenez n'importe quel concept, accolez-le à « Libre », en naît une chose géniale. L'amour libre, le libre-échange, le libre-arbitre, front de libération national, liberté populaire, gestion libre, libre-culture... Il est une invitation à la divagation, à l'espérance.

Tout nous semble plus rose si on le peint avec le pinceau Liberté. Peut-être parce que la liberté est l'affaire de tout et de tous. Quels actes ne sont pas le résultat de la liberté ? Est-ce crier sur un toit à deux heure du matin ? Ou s'élaborer une loi morale stricte pour l'atteindre comme le pense Kant ? Le Larousse recoupe treize définitions pour tenter de cerner ce concept. Chiffre porte malheur sans doute car c'est une mission impossible que de saisir la liberté. Elle est là-même son existence : elle est insaisissable, sinon elle ne serait plus liberté. Je la vois cette déesse Romaine du nom de Libertas filer entre les mailles du filet de la raison.

Paul Valéry a cette formule magnifique résumant le dilemme de la comprendre sans l'éprendre : « La liberté est un mot qui chante plus qu'il ne parle ». À mon échelle, il est vrai que j'ai davantage vagabondé en entonnant sa mélodie que je n'ai eu de dialogue avec. Pourtant, comme une amie imaginaire, je ne l'ai pas lâchée, elle est à moi, rien qu'à moi. Puis viennent les autres. Tous ces facteurs extérieurs qui s'interposent entre vous et votre liberté : une mère trop aimante, un amant, un échec, la maladie, la vie en somme. Des contraintes voilà de quoi est fait le monde.

Sommes-nous vraiment, dans nos démocraties modernes, à l'âge de la liberté exacerbée ? J'en doute. Avant, il y avait davantage de codes, la société était plus rigide, sauf que ces barrières ne demandaient qu'à être brisées. Aujourd'hui, le code civil continue de s'étoffer chaque année pour mieux garantir notre liberté, et une fois figées dans le droit, ces obligations peuvent servir à nous humilier. Je ne proteste pas contre la nécessité d'un État de droit pour vivre, mais jusqu'à quel point est-il indispensable ? Il existe ce paradoxe en politique où ceux qui sont pour le « libéralisme », le retrait de l'État, sont aussi les plus farouches opposants au progressisme. La gauche est l'autre face de la caricature : première, sur les libertés fondamentales des Hommes, dernière, pour accepter que l'humain puisse être un sanguinaire animal s'entretuant, au nom de sa liberté.

Cette « Liberté » on l'instrumentalise, on se l'approprie pour justifier nos actes, et on finit par la délaisser au profit de plaisirs faciles. Oui, il est plus plaisant de laisser un État décider de notre bonheur, de voter des lois briguant la liberté d'expression, ou des lois sécuritaires qui font de mauvais échos à *1984* d'Orwell, plus qu'à Huxley. La Chine est la meilleure administration puisqu'elle réduit ses citoyens à un système de notation qui permet de juger qui sont les bons, les mauvais, les justes, les injustes. Pour moi, qui idolâtre la liberté, de telles mesures m'effraient.

Conservons un État qui nous conserve, pas un qui se prend pour Dieu.

S'il y a bien une entité que nous devrions prier, célébrer, c'est la Liberté plus que Dieu. À moins que l'un et l'autre ne se confondent. De quoi sommes-nous libres ? La vie nous est imposée, et la mort intervient à sa guise. Se tirer une balle ne voudra pas dire que vous êtes libres, ce calibre sera le résultat de l'exercice de votre pensée, de votre vécu, ce ne sera qu'une cause provenant de causes antérieures. Ainsi, à la recherche d'une cause originelle qui a engendré toutes les autres causes, il y a Dieu selon Descartes. Plus angoissante encore est la vision de Spinoza et de son déterminisme qui dicte que tout est déjà prévu, que nous n'avons que la liberté de connaitre l'origine de nos passions, de nos désirs. Le français résout le pourquoi, le néerlandais l'élimine de l'équation.

Ce livre ne sera pas un récital des théories de tous les auteurs qui ont étudié la liberté. Ce n'est pas mon envie, il y a des universitaires plus compétents que moi pour faire cela. L'angle choisi dans les pages suivantes est celui de l'ouverture. La liberté est en tout et m'échappe de partout. Nous nous lançons dans une exploration parmi les lieux où cette déesse, représentée à New-York face à l'océan, a laissé ses empreintes. Nous relèverons scrupuleusement ses morceaux ADN, nous comparerons les fragments entre eux, et essayerons de retrouver où a pu fuir cette dame Liberté.

Le Choix

Notre excursion débute ici, sur le bord de la seule chose que fait l'Homme : choisir. Il n'y a plus petit pas et plus grande enjambée dans la liberté que le choix. On a toujours le choix d'ailleurs. Peu importe que vous deviez prendre le parti de vendre votre famille ou d'aller en prison avec, vous aurez le choix. On en est à un argument assez basique somme toute.

Cependant, le choix s'étend plus loin qu'aux dilemmes infernaux. Je fais du sport pour avoir la possibilité de manger autant de glace que possible. Je fais le choix de conserver une hygiène de vie dans le but de la détruire sans m'engager vers l'obésité. Je mets mes chaussettes avant mes pantalons, car cela m'agace qu'elles ne soient pas bien lisses sur mes chevilles. Je choisis. Action essence du Rien et du Tout.

Si l'on s'en tient à la conception banale de la liberté, qui est de faire ce que l'on veut, ce n'est que par le choix qu'elle s'exprime. Faire ce que l'on veut revient à faire ce que l'on choisit. Mais qui n'a pas déjà fait des choix qu'il ne désirait pas ? Personne, on a tous des remords, des rancœurs, aussi minime soient-elles. Et ce n'est pas improbable que la liberté de choisir ses douleurs nous soit essentielle. Il y a des maux dont aimerait effacer l'existence, à l'inverse, d'autres, sont comme une lettre que l'on relie, nous remémorant le goût de la défaite. Faire le choix de souffrir n'est peut-être pas si idiot que cela. Il relève davantage de la liberté en tout cas. Combien choisirait le bonheur au lieu du malheur ? Quasiment tout le monde, il est le choix attendu, on nous a tellement répété qu'être heureux était le but de nos existences. Faire le choix de s'écarter de la norme est une forme de liberté. En même temps opter pour se conformer à la règle est dur. Combien de divorces ont lieu juste parce que des personnes se sont mariées par convenance ?

D'ailleurs devant l'autel, alors que notre amour est déjà réglé, on nous donne le choix. La centaine d'invité n'a pas été conviée pour assister à une tragédie de Shakespeare. Il est impensable de faire machine arrière, au mieux soyez lâche et évanouissez-vous dans la nature. Il n'y a plus d'autres options pour sauver votre dignité. Le choix nous est-il imposé ou donné ? On dit communément « Je te donne le choix » ou « Je te laisse le choix ». Dans les deux cas, il y a une idée de possession. J'ai le choix, je le tiens entre mes doigts, il me glisse des mains... C'est aussi ça posséder quelque chose, ça veut dire que l'on peut le perdre. Mais quand perd-on le choix ? Quand est-ce que nous n'avons plus la faculté de décider ?

Il serait trop facile de désigner les fous et les enfants comme étant inaptes à choisir. Ces deux catégories font des choix. Je me rappelle très bien avoir choisi de sauter dans la piscine sans brassard vers mes quatre ans. Nous jugeons qu'ils ne sont pas capables de le faire, alors on se substitue à eux. La vérité est que nous intégrons à la qualité de décider, un principe de raison. La capacité, tout le monde l'a. Ce serait plutôt les esprits intellectuels qui auraient le plus de mal à choisir, ils réfléchissent trop. Ce système de déléguer la responsabilité de prendre des décisions pour notre bien, à des gens mieux placés, mieux instruits, se retrouve au cœur de notre système politique. La démocratie est sans doute choisir qui choisira à notre place. Dès lors, nous délaissons cette arme qu'est le choix à qui se prétend plus apte. Est-ce une mauvaise chose ? Non. Faire le choix de reconnaître son incompétence est une preuve d'humilité. Si vous ne savez pas réparer votre chaudière, quelle décadence à appeler un plombier ? Le danger se situe lorsque l'abandon du choix est automatique, que nous ne faisons plus l'effort de prendre des décisions. Cela est commode que de reconnaître sa faiblesse devant tous les sujets, il est plus facile d'être porté par les courants. Ce ne sera pas l'existence la plus heureuse, ce sera l'existence la moins douloureuse. Ne faire aucun choix est le dernier choix que l'on peut faire. Il épargne de la souffrance, vous ne perdrez plus rien. Entre une pomme et une poire, si je ne choisis ni l'une ni l'autre, je ne gagne rien, je ne perds rien. Notre âme ne sera martelée par le forgeron que nous sommes, elle conservera sa fusion qui finira par la faire fondre. Il n'y aura pas le risque de briser la lame, le risque d'accrocher la pointe, de se retrouver avec une épée biscornue. Les brasiers volcaniques d'Héphaïstos la réduiront en une pâte tellement malléable, qu'elle glissera entre les dents d'une bouche d'égout.

On peut s'aventurer à cette expérience. Elle me semble décevante. Peut-être que nous ne choisissons jamais librement, peut-être que notre passé nous mène à faire un choix précis, sur lequel nous n'avons pas de maîtrise, où nous ne sommes qu'un résultat de nous-même. Sauf qu'en choisissant nous optons à chaque fois pour la vie. Ne rien faire, réfuter tous les dilemmes mène soit à mourir, soit à finir comptable comme son père, avec une femme que l'on n'aime aucunement juste pour en avoir une, et des enfants dont on doutera s'ils sont de nous ou de votre meilleur ami Pierre. Comprenez que le problème n'est pas d'adorer les mathématiques et les avis d'imposition. Il faut savoir pourquoi nous vivons ce que nous vivons. Nous en revenons déjà à Spinoza. Connaître l'origine de nos passions. Ce n'est pas toujours possible que de deviner quel vent nous pousse au milieu du brouillard de la vie. Les réponses sont cachées dans des brumes qui mettront des années à se dissiper par moment. Il faut savoir être patient pour comprendre la nature de nos choix. Il se peut que l'on se dise que nous avons mal agi, que nous aurions pu faire autrement. Je crois que dans ces moments de doute, il faut se rappeler qu'il reste encore un choix à faire pour s'apaiser : celui du pardon.

Le pardon est un choix autant qu'une nécessité. Lui seul permet d'avancer, de nous libérer du passé. La liberté, insolente qui ne s'excuse de rien, doit être accompagnée de pardon. Lorsqu'on vous atteint, lorsqu'un choix vous entraîne sur une fine banquise, ne regrettez rien. Édith Piaf nous le chante depuis soixante-dix ans. Faites le choix de pardon. Un tel vous a brisé le cœur comme on déchire une feuille de papier, pardonnez-vous de lui avoir accordé votre confiance. Vous ne pouviez pas savoir. Vous avez souri, vous avez éprouvé de la joie en voyant cet être vous accorder de l'attention. Ne retenez que cela. Les souvenirs aussi on les choisit.

Le choix est capable de tout. Il peut être celui qui vous libère autant que celui qui vous emprisonne. Il ne tient qu'à nous de décider de nos choix. Quels choix fait-elle notre déesse Liberté ? Nous l'ignorons. En tout cas, le simple acte de prendre une pomme au lieu d'une poire nous rapproche de sa perfection. Toute divine soit-elle, elle choisit.

La Prison

L'endroit comporte quatre murs, une fenêtre, un lit superposé, une fenêtre, sans barreaux, un lavabo, une table de nuit, et une commode en bois. Votre cellule. Ou un appartement étudiant. Vous avez été incarcéré pour atteinte à la liberté. Il paraitrait que vous avez douté de son existence. On vous a vu acheter ce livre d'un auteur interlope. Les prémices de votre radicalisation ont été remarquées par votre famille, au repas de Noël. Entre les marrons et le camembert, vous avez commencé à évoquer le Déterminisme. Ce mouvement de pensée qui bafoue toute la pensée capitaliste de l'après-guerre. Votre oncle a tenté de vous ramener à la raison : « Enfin, on fait bien ce que l'on veut quand même. Regarde, quand j'ai quitté Alstom production pour monter mon entreprise, je l'ai fait seul, c'était moi, et personne n'y croyait. ». Vous lui avez répliqué qu'il n'était qu'une cause de causes. Le mot de trop. Le réveillon, le vingt-cinq, le nouvel an, par miracle on ne vous enferme qu'à partir du quatre janvier.

Vous voilà privé de votre liberté. La vraie. Pas celle dans votre tête. Celle qui vous permet de parcourir le monde, de manger quand vous le voulez, d'aimer à votre guise, de coucher avec qui vous voulez, d'appeler votre mère. Il n'y a plus que vous, parterre adossé à la structure métallique du lit, dans l'attente qu'un colocataire vous rejoigne. Quoique, il pourrait menacer davantage votre sécurité. Vous n'êtes même plus libre de vivre serein. Une phrase impérative mal interprétée lors du match de foot à la promenade, et on vous entaille d'un coup de rasoir. Votre liberté est réduite au minimum. Vous avez tout juste le droit de respirer, et de penser. Pas moins, sinon vous mourrez, pas plus, sinon vous pouvez mourir.

Après, vous n'êtes pas non plus à Alcatraz. Il vous est possible de nouer des amitiés, de vous instruire s'il y a une bibliothèque, votre famille peut vous rendre visite. Des bouffées d'oxygène. Interdit d'être libre, vous comprenez petit à petit que vous l'êtes davantage que prévu. Il y a les permissions, les remises de peine, les travaux d'intérêt général.

La dame Liberté a dû survoler ces lieux qui tentent de la restreindre. La preuve qu'ils échouent à la canaliser est qu'elle en est absente. Nous ne la coincerons pas ici. Son parfum enivre la porte de sortie que déverrouille le maton. Une fois à l'air libre nous humons chaque encens comme s'il était celui de notre bonheur. Étrange phénomène alors que 61% des personnes condamnées y retournent dans les cinq ans qui suivent, selon les chiffres du gouvernement.

Est-ce que se priver de liberté est une liberté ? Oui, comme tout. On pourrait dire qu'il est plus simple de se faire embaucher sur un chantier à porter des sacs de sable, au lieu d'aller braquer la supérette du quartier. En tout cas il y a moins de risque, moins à perdre, sur le papier pour une personne raisonnée. Mais se lever à six heure du matin, cinq jours sur sept, passer les deux derniers à panser ses cloques, juste pour vivre, est-ce vraiment être libre ? Beaucoup ont le rêve de gagner à la loterie, et tous nous souhaiterions, au moins, trouver un portefeuille Goyard avec quelques billets violet. Les prisonniers sont sans doute les plus libres de notre société en fin de compte.

Il n'y a pas que le larcin fiduciaire, il y aussi les peines pour violence, pour excès de vitesse, pour harcèlement, pour pédophilie. Ces criminels eux-aussi, à grands maux, sont des plus libres. Nous convenons à des règles qui nous sont nécessaires, mais qui restent des restrictions, des contraintes. Il n'y a pas faire le débat du bien et du mal lorsqu'une femme se fait violer par trois hommes en rentrant de boîte de nuit. Nous pouvons seulement soulever que, aussi horrible soient ces pervers, ils ont outrepassé la loi, ils se sont affranchis de limites à leurs libertés. Que vaut un instant d'abandon à nos pulsions contre des années derrière les barreaux ?

Si vous penchez pour le crime, c'est que votre quotidien doit vous paraître maussade. Il se peut qu'il le soit. Après tout, si l'on n'a pas d'argent, si l'on n'a pas de famille, si l'on est satisfait de rien, si la palpitation unique de votre vie est de mettre les doigts dans le parcmètre en espérant récupérer dix centimes, ne seriez-vous pas mieux dans une prison ? Une vraie ? Une où vous saurez pourquoi vous n'êtes pas libre. Il est possible que dix minutes de violence, où on ne ressent pas de plaisir, où la liberté prend possession de notre âme, vaillent une perpétuité. Au moins vous mourrez avec la certitude d'avoir été libre une fois. Qui a ce luxe de dire : « J'ai été libre, une fois, c'était génial ! » ? Les prisonniers l'ont. Les plus riches ne sont pas forcément ceux que l'on pense.

Pourtant aller jusqu'à affirmer que les prisonniers sont les plus libres, est extrémiste. Il faut comprendre qu'ils sont en geôle à cause de la nécessité. La nécessité d'assouvir un désir, d'arnaquer un inconnu par addiction au jeu, de vendre des grammes de shit et de cocaïne pour se nourrir. La nécessité est une contrainte, et la contrainte ne sera jamais la liberté. Ou alors dans un cas, lorsqu'on se contraint à ne pas avoir de contrainte. La nécessité exprime le besoin. Le besoin nous emprisonne avant même que nous ayons pu traiter de nous-mêmes. La prison n'est pas entravante de loin, pour celui qui n'a rien, qui n'a pas ce qu'il désire, elle ne pourra pas être pire. À quinze ans, un gamin, dont la mère est seule, touche le RSA, et doit l'élever entre les tours HLM, a-t-il tort de revendre de la drogue ? En est-il moins libre ? Il aura un faux sentiment de liberté à souffrir du complexe du pauvre à rentrer au lycée avec une paire de Jordan neuve. Puis, s'il va en prison, devrait-il regretter ? Avait-il d'autres perspectives de liberté ? Travailler, faire des études, sortir du ghetto, ces épopées de la méritocratie, nous les connaissons. Il m'a rarement été donné d'en voir. Les gens, dans mon entourage littéraire, sont toujours aussi blancs. Les barreaux les plus ardus à limer ne sont pas en fer.

L'Argent

Il me fait sourire de regarder les billets dans mon portefeuille. L'attention portée à leur dessin, le choix du papier, comment ils sortent du distributeur, et comment ils ressortent d'une poche de jean après le lavage. Un billet, un bifton, une liasse. Les plus amusants sont les dollars américains. On dirait qu'ils sont bons marchés. À peine les effleure-t-on, qu'ils se froissent. L'autre caractéristique qui vient éveiller mon cynisme est leur valeur. Mon porte-monnaie peut être rempli de cinquante bouts de papier, il sera ventripotent, me donnant un air important d'homme d'affaire, alors qu'il n'y aura que cinquante dollars. Je garde toujours quelques billets inutiles comme ceux-là, ils me font me sentir plus important lorsque je vais au restaurant avec une fille. Surtout moins fauché. Que voulez-vous, la misère est si belle qu'on la camoufle.

Ces cordes de papier, qui m'aliènent à en avoir un certain nombre sur moi pour être libre de commander autre chose qu'une César, sont des chaînes. Il n'y a rien qui nous retient plus que l'argent dans le monde matériel. En avoir, requiert de la responsabilité, de savoir ne pas en être dépendant. Ne pas en avoir, ferme des portes, bloque notre capacité d'agir. Comment fais-je si je veux aller au Pérou sans payer l'avion ? Je me cache en soute ? Il y a plus commode. Comment fais-je pour vivre décemment sans salaire pour subvenir au loyer ? Je vis dans la rue ? Nous ne sommes pas tous Diogène le cynique.

Dans ma vie, je n'ai manqué de rien matériellement. Cela arrivera peut-être demain. Je n'en sais rien. Et paradoxalement, je ne porte que peu d'importance à mon compte en banque. Il ne m'est apparu aucune attache envers des richesses éphémères. Il n'y a rien qui ne me fait envie à mes anniversaires. Si je les fête, ce n'est que pour profiter des gens qui me sont chers. Voir réuni ces êtres que l'on rate trop souvent dans l'année, tous à table, s'écharpant sur la hausse de CSG ou sur le salaire des joueurs de foot. L'argent ne m'a jamais asservi parce que je n'en ai jamais manqué, parce que je ne l'ai jamais désiré.

Combien de familles volent en éclat pour un héritage ? Qu'il est funeste de se battre pour récupérer les restes d'un mort. L'argent n'est le plus démoniaque dans ces histoires. Comme tout le temps dans les histoires d'amour, ce n'est pas la faute de l'être aimé, c'est notre péché, à nous, que d'en être dépendant. Ceux qui s'attachent le plus à l'argent, sont ceux qui ont le moins. Le moins matériellement, ou le moins mentalement. Nous sommes contraints d'excuser ceux qui souffrent de la faim, du froid, d'être privé d'éducation. À ceux-là, pardonnez-moi, pardonnez-moi d'avoir eu plus de chance que vous. Le chemin est plus abrupte pour vous qui partez de plus bas, j'espère que vous aurez l'opportunité de monter au moins quelques étages, de ne pas rester à la cave de la pyramide de Maslow. À ceux qui ont tout, et ne se satisfont de rien, il est malheureux pour vous que la sagesse ne s'achète point. Une phrase d'un homme, Dinos, qui avait peu, et qui une fois dans le confort écrivit « Il m'a fallu des chaînes en or pour me rendre compte que je suis esclave du temps. ».

L'argent n'est pas une mauvaise chose à notre liberté, malgré les pressions qu'il exerce sur celle-ci. L'axiome est de ne pas considérer l'argent comme une fin. Il est un moyen, il y a d'autres moyens que l'argent pour être libre. Avoir un compte épargne rempli permet l'indépendance. Voilà la différence. Il y a la liberté et l'indépendance. L'argent ne vous rendra jamais libre, il pourra vous rendre indépendant en tout cas. Ce seuil de l'indépendance est sans doute un prérequis à la liberté. Ne pas devoir se soumettre à autrui pour qu'il nous héberge, ne pas implorer la pitié d'autrui en faisant la manche. Dans la philosophie punk, le fait de ne rien posséder permet d'être contre le système, de s'en affranchir. Mais de qui vous affranchissez-vous lorsque vous tendez la main pour une pièce ? Vous êtes dépendants d'autrui, votre repas ne sera pas le résultat de votre volonté. Partez dans les bois, mangez des baies, tuez des lapins, cousez leurs peaux pour en faire des vêtements, là vous serez hors système.

L'un des problèmes que notre société a, est qu'elle fonctionne par l'argent. Rien ne se produit sans intérêt financier. Pourquoi l'écologie peine à s'installer dans les foyers ? Un peu par conservatisme, beaucoup car elle n'est pas rentable. Acheter une gourde plutôt que de reprendre des bouteilles plastiques à chaque fois, c'est moins cher, ça ne prend pas de temps, alors nous les voyons pulluler de partout dans les opens-spaces. Le seul biais par lequel les entreprises trouvent un intérêt pour l'écologie est leur campagne publicitaire. Tel constructeur automobile s'engagera à investir dans la reforestation, une belle image de marque. Pur intérêt économique, cela coûte moins cher de replanter des arbres que de ne pas les détruire. Le paradigme n'a pas grand-chose de moral. Il élimine assez peu la loi du plus fort que l'on retrouve à l'état de nature. Peut-être parce que cette loi est la première et universelle à tous les systèmes ? On ne peut pas dire que le communisme n'ait pas profité davantage aux forts qu'aux faibles.

On ne peut en vouloir à notre système aussi imparfait soit-il. Selon la formule de Churchill « La démocratie est un mauvais système, mais elle est le moins mauvais de tous les systèmes ». Le capitalisme est régi par cette même règle. Et ce n'est pas sa faute. N'importe quel marteau peut servir à enfoncer un clou et à défoncer un crâne. La monnaie est un marteau fait pour que les interactions humaines soient non-violentes, et en ce sens, elle évite bien des conflits. Sauf que nous préférons compter le nombre qu'elle engendre. Certes, elle déchaîne des passions, elle révèle des aspects sombres de la nature humaine, mais l'Homme n'est-il pas naturellement mauvais ? Il n'y a pas besoin d'argent pour que la jalousie, l'ambition, la vanité existent.

Les gens qui recherchent l'argent pour l'argent sont rares. La plupart désire ce qu'une carte de crédit peut apporter. La question est dès lors de savoir ce que l'argent ne peut apporter ? Il ne faut pas se leurrer, il n'y a que peu de choses qui sont hors de portée avec des poches pleines. L'amitié, l'amour, la famille, le bonheur, la philosophie, les qualités humaines... Supercherie ! Il y a toujours plus d'amour dans un couple au début du mois, il y a toujours plus de respect aux repas de famille lorsqu'on gagne sa vie, il y a toujours plus de possibilité d'explorer son bonheur avec de l'argent, il faut de l'argent pour étudier, il en faut aussi pour pouvoir se concentrer à devenir une bonne personne. Trop nombreux sont ceux qui traversent leur vie à devenir un produit marketing. L'argent directement n'est pas ce qui rapporte les diplômes, il y a le travail, la persévérance. Sauf que les élèves d'Henri IV ont tous deux points communs : ils ratent rarement leurs examens, et ils payent des frais de scolarité exorbitants. Pour ce qui est de l'amour, il est évident que l'on est plus attirant avec de l'argent. Entre celui qui se rend chez le coiffeur une fois toutes les deux semaines, et celui qui se tond lui-même ses contours, il n'y a pas photo. Aussi laid soit le premier, s'il investit son argent dans son physique, il pourra obtenir un meilleur résultat que ce bel étalon qui passe sa journée dans le cambouis. Pas d'argent, pas de sortie, pas de rencontre, pas de voyage surprise à Disneyland.

Il est clair qu'on ne peut acheter les sentiments. Heureusement. La couleur de nos billets ont souvent tendance à décolorer sur nos relations, que vous soyez humble ou fantasque. Une nouvelle fois l'argent nous tient, nous limite, nous ôte de liberté. Si je suis un cadre supérieur, je vais côtoyer des cadres supérieurs aux salaires équivalents au mien. La sociologie se tue à nous le démontrer depuis Webber. Peut-être n'est-ce pas que la faute de l'argent ? Les individus n'apprécient guère être bousculés, un prolo tient en horreur un bobo, et inversement. L'argent est notre maître parce que l'on se soumet à lui. Comme toute chose. Nous avons eu tendance à ériger par principe ce moyen comme une fin. Il me semble que le rapport à l'argent est en train d'évoluer, qu'une première génération qui privilégie son confort plutôt qu'au gain s'est installée. La recherche du bonheur commence à primer. Il n'est pas sûr que ce nouveau règne soit moins tyrannique.

Le Bonheur

On fait par moment l'analogie entre liberté et bonheur. Ou alors on part du principe que ces deux idées sont faites pour être ensemble. J'ai tendance à voir cela comme un oxymore. Rien n'est moins libre qu'une personne heureuse, rien n'est plus triste qu'un être libre.

Avant de développer cette relation toxique, définissons ce que nous pourrions appeler le bonheur. On se sent content. On est bien. Nous nageons en pleine béatitude. Pourquoi ? Comment ? Est-ce le but d'une vie que d'être heureux ? Non. Sinon nous mourrions tous heureux. Il y a des hauts et des bas dans notre moral. Le bonheur est une matière fluctuante par essence. Ce qui m'effraie le plus par rapport au bonheur est ce caractère variable. D'un point de vue chimique, le bonheur nous est procuré par des taux de dopamine, de sérotonine, et d'autres hormones en –ine. Ces hormones peuvent croître après un effort physique, d'où la nécessité de faire du sport. En revanche, nous ne sommes pas égaux devant elles, chaque individu vient au monde avec des taux différents de ces hormones. Concrètement cela veut dire que nous n'avons pas tous la même propension à être heureux. Terrible déterminisme scientifique.

Le bonheur est un contre sens pour moi à partir du moment que l'on peut pleurer de joie. La joie la plus élevée est ce qui se rapproche le plus des douleurs les plus profondes. Et cette forme de cercle qu'il existe me fait dire qu'il est possible de mourir d'être heureux, autant que de tristesse. Elle est une émotion instable. Les stoïciens répondent à ces sables mouvants par le calme, l'acceptation du monde. Ils ont raison sur le point qu'apprendre à accueillir les évènements, plus qu'à vouloir les modeler, est le moyen le plus sûr de ne pas en souffrir. Ne pas souffrir, ce n'est pas encore être heureux. Il est un état neutre entre les deux. L'ataraxie est un idéal qui ne s'atteint pas par la négation des maux. Par moment on se sent bien, on ne se pose plus de questions. Voilà ce qui se rapprocherait le plus de ma vision du bonheur : instant où je ne me pose plus de questions. L'Homme s'interroge en permanence : « Vais-je acheter du pain ? » ; « Mon travail me plait-il ? » ; « Peut-on dire qu'Israël reproduit une politique colonisatrice par vengeance de son histoire de stigmatisé ? ». Lorsque dans votre journée il n'y a plus de tourmentes, plus de soucis, que vous n'avez plus d'interrogations, à ce moment vous effleurez un bout de bonheur.

Toutefois, le but de cet ouvrage n'est pas d'être heureux, il est de se rapprocher de la liberté. Et le bonheur est l'un des obstacles, entre nous, mortels, et elle, déesse. Parce que choisir le bonheur n'est opter pour la meilleure existence. Tout le monde serait plus heureux qu'il n'y ait plus de terroristes. Nous pourrions réussir à approcher le risque zéro si nous utilisions des drones, que nous généralisions le contrôle des recherches internet, que nos visages soient scannés, que nous ayons, comme en Chine, un système de notation du comportement citoyen. Toutes ces mesures seraient celles qui nous mèneraient à éradiquer la menace des attentats. Il n'y aucun doute là-dessus. Et nous serions tous plus heureux de ne pas apprendre qu'une centaine d'âmes ont été tirées au ciel par des kalachnikovs. Mais à quel prix ? Nous ne serions libres de rien. La moindre recherche sur Google, qui serait quelque peu déviante, et nous serions fichés comme dangereux pour la communauté. Alors qu'il est autorisé de se demander ce que donnerait un corps humain dans un micro-onde. Ce genre de réflexion, qui se faufile dans une conversation entre deux amis éméchés, devient aussitôt un motif d'arrestation.

Ceci n'est qu'un exemple, nous pourrions en pondérer des milliers d'autres. Il est possible, d'un point de vue schématique, d'éradiquer des sources du malheur des gens. La contre balance est toujours une perte de liberté. Le cas des aides sociales est moins manichéen que celui du terrorisme. Ainsi, nous pourrions distribuer un revenu universel à chaque citoyen. Économiquement, cela peut se tenir, des gens bien mieux placés que moi l'ont calculé, et il me semble que ce pourrait fonctionner. Nous sacrifierons alors une part de notre indépendance au profit du contrôle de l'État. La liberté est tellement omniprésente qu'elle ne disparait jamais, elle passe d'une main à l'autre. Il n'y a pas de loi tuant la liberté de la presse. Il y a un pouvoir qui s'empare de la liberté de la presse à ses propres fins. Pour le bonheur, il en va de même, en échange d'un morceau de liberté, nous pouvons obtenir un morceau de joie. Cet échange nous le faisons de manière courante avec l'État, il nous arrive de troquer avec d'autres entités que le gouvernement. Nous commerçons notre liberté contre de l'affection, des relations sexuelles, du pouvoir, un bon salaire, une vie confortable. Tout ça parce qu'ils nous apportent de la sérotonine.

Il est assez fréquent que l'on s'attache aux sources de nos sourires. Quoi de plus normal ? Je me rassasie des joues de ma nièce qui joue avec moi. Je n'ai pas envie de m'éloigner d'elle. En échange d'un morceau de liberté, consistant à pouvoir voguer à travers le monde, elle m'offre tout le bonheur du monde. Il y a aussi des causes plus matérielles à notre ataraxie. Si je gagnais trois mille euros par mois dans un emploi agréable, avec une charge de travail normale, aurais-je autant envie de partir vivre dans une tente au Venezuela ? Nous pouvons convenir que ces attaches nous satisfont, qu'elles nous rendent un droit à vivre libéré. Ou alors elles font de nous les esclaves de notre propre plénitude. Suis-je même libre d'être heureux en définitif ? Combien de joies proviennent uniquement de notre for intérieur ? Être content de lire un auteur, est remettre son bonheur dans les mains d'autrui, manger une pizza entre ami, cela sous-entend que vous avez besoin d'une pizza et de vos amis, penser, suppose que vous réfléchissiez sur des choses extérieures. N'importe quel plaisir a une origine. Alors vous êtes dépendants d'elles pour être heureux.

Le bonheur nous retient plus qu'il ne nous délivre du mal. La liberté est un chemin qui peut croiser sa route, mais ils ont des tracés différents. La liberté est la voix que j'ai choisie de suivre. Elle me fera manquer l'anniversaire de ma nièce. Le Venezuela m'appelle. Est-ce que lorsque je fais ce choix, je choisis la liberté ou ce qui m'apporte le plus de bonheur individuel ? La liberté semble être une muse de l'égoïsme. Faire le choix de la liberté n'est-il pas ce que je veux ? Et comment ce que je veux peut-il m'être néfaste ? Ne pas répondre à l'obligation familiale apparait comme l'exercice de volition sans pression. Néanmoins, mis à part le fait que je m'extirpe d'un cadre dont je connais la joie procurée, prendre le parti de m'envoler au bout du monde qu'est-ce si ce n'est par bonheur ? Si je partais pour le travail, quel serait la décision la plus libre : l'anniversaire de ma nièce ou le Venezuela ? Les deux me passionnent, les deux sont mon oxygène. Quel bonheur est plus libre que l'autre ? Nous pourrions autopsier ce dilemme point par point sans parvenir à une conclusion. Devant cette démonstration, il nous faut admettre que faire le choix de la liberté, est faire le choix de faire des choix. Des choix qui doivent s'extraire au maximum, non pas du bonheur, mais du confort.

Le jour où vous refusez une entreprise par peur de perdre ce que vous avez, vous ne serez plus libre. On ne peut que courber l'échine devant le bonheur. Une vie n'en est pas remplie, mais tôt ou tard, peu ou en opulence, il se montre à nous. Ne le gâchons pas sous-prétexte d'une quête de la liberté. Le bonheur est beau. Beau comme Kant le décrit. Le Beau on le reconnait dans une vitrine tous les jours, sans jamais n'éprouver le désir de le posséder. Le bonheur n'est pas à désirer. Il peut éloigner notre esprit du droit chemin de son indépendance, il est autant une drogue que la cocaïne. Laissons-le tranquille. En ne cherchant pas à le posséder, il nous apparaîtra sous son meilleur jour. Il pourra disparaître demain, il n'est pas un dû. Ne pleurons pas lorsqu'il s'en va danser sur la table voisine. Contemplons-le, cela est suffisant. Le posséder, cela est asservissant.

On le retrouvera dans les yeux d'une mère qui nous revoit à Noël. Il nous raccompagnera à la fin de la fête, lorsque l'on s'endort seul avec nos souvenirs. Dans ce livre, nous avons une femme : la liberté. Le bonheur n'est qu'une amante. Nous nous tournerons autour comme si nous pouvions nous appartenir. Il se peut que l'on échange une nuit en cueillant des fleurs, seuls, dans un champ. Elle est capricieuse cette enjôleuse qui brise votre ennui. Si vous vous y attachez, vous perdrez plus que tout. Vous perdrez vous.

Le bonheur n'apporte rien mis à part lui-même. Je suis heureux d'être heureux. Rien de plus. Une tablette de chocolat qui réconforte, qui détruit votre santé.

La liberté apporte tout ce que l'on veut. J'ignore s'il est possible d'être libre pour être libre. Elle m'apparait être un culte à alimenter chaque jour. À défaut de la posséder, il nous est possible de s'en nourrir, et il est possible qu'il n'existe pas meilleur nutriment à notre esprit.

Fait-on pousser des légumes pour le plaisir gustatif ou pour absorber leurs nutriments ? Notre société d'opulence a pris l'habitude de nous faire croire que le plaisir prime sur le nécessaire. C'est pour cela que nous avons oublié la véritable valeur de la liberté, qui est l'unique nécessité de l'Homme.

La Consommation

« Achetez ! Achetez ! Bouffez ! Baisez ! Dépensez ! ». Un crédo que l'on s'acharne tant à décrier que même le mettre en forme est devenu ridicule. À qui vais-je apprendre que nous consommons aussi bêtement que des moutons ? Et cela démontre que nous avons abandonné le projet de devenir libre. L'origine de l'achat de tel sac, de tel saut en parachute, de tel téléphone, de tel presse-orange révolutionnaire car il coupe lui-même l'agrume en deux, est lié à la satisfaction. On nous a encodé que nous ne pouvions rester insatisfait. Dès qu'un manque se forme en moi, aussi futile soit-il, je dois le combler.

Est-ce que se libérer du manque ne permettrait-il pas pourtant de se consacrer à des tâches spirituelles ? Ce peut être le cas en effet. L'avantage que d'être dans une société débarrassée du manque matériel devrait nous pousser à combler nos autres manques. Sauf qu'il n'en est rien. Le contraire se produit. Plus nous engloutissons des produits bas de gamme souillés du sang des enfants au Bangladesh, plus nous en réclamons. Pourquoi ? Parce que ce processus de satisfaction nous est inculqué depuis la naissance. Il est le modèle pour se relâcher. Si je ne vais pas bien, je vais aller faire du shopping, ou au sortir d'une journée harassante, je vais commander à mon fast-food préféré. Nous avons tous ce réflexe d'acheter pour aller mieux. Ce n'est pas de notre faute, c'est ce que l'on nous a martelé.

Ce n'est pas une question du prix, ou de payer cher une pâtisserie, c'est l'acte qui est inquiétant. Je ne vais pas bien, hop, je consomme. Ce schéma est entravant on s'en doute. La solution n'est jamais dans l'adoption de ce comportement, pourtant cela nous met du baume au cœur, alors on se laisse distraire. Puis, la réflexion viendra peut-être en dégustant mon hamburger. Il y a un autre moyen de se sentir mieux, c'est de fuir. Enfiler sa meilleure chemise, accordée à une paire de Stan Smith, et délaisser nos problèmes. Où partons-nous ? Une soirée entre ami, une ballade, au bout du jardin, un endroit où on ne sera rattrapé. La liberté a aussi ce visage. Un visage lâche qui est une solution de repli à celui qui ne peut se supporter.

La consommation et la liberté ont cela de détestable en commun : ils sont des échappatoires. On pense que par eux nous pouvons aller mieux, alors que ce ne dure que quelques heures. Sur ce point ce n'est pas un mal. L'Homme n'est pas une machine qui doit orienter chaque seconde vers ses douleurs, l'élévation spirituelle, l'éducation. Il a besoin de pause pour ne pas enrayer le moteur. Je ne diaboliserai pas que l'on se prenne une bière au bar avec des amis parce que nous avons été virés. On consomme. On se rattache à la minuscule liberté qu'est la fuite. Appréciez. Vous pourrez trouver du travail en échangeant par hasard à la table d'à côté un numéro. Tout ne se résout pas de façon raisonnée.

Ces échappatoires sont à surveiller dès que vous dépensez votre argent dans des bières que vous ne buvez pas, et que vous allez en boîte de nuit pour vous asseoir sur la banquette du fond. À ce moment, vos problèmes vous ont rattrapé, il va falloir les affronter. Comme pour beaucoup de ce que peut l'Homme, l'outrance est mauvaise. Fuyez-vous juste ce qu'il faut pour pouvoir vous revenir. L'homo economicus pourrait être le plus grand modèle de la liberté. Au lieu de cela, on nous le sert comme un prétexte à des dépenses inutiles pour convenir à d'autres modèles. Si nous sommes une famille de quatre, il nous faut un animal de compagnie, chat, chien, poisson. Si je suis célibataire à quarante, sans avoir été marié, je dois m'inscrire sur des sites de rencontre, payer un abonnement. À ce propos, il me semble moins hypocrite de s'offrir des services sexuels pour un peu de plaisir, plutôt que de s'acharner à rentrer dans un moule du bonheur. Même l'amour est devenu une consommation. On s'empiffre d'amour jusqu'à n'avoir plus que l'habitude d'en manger. Si la consommation est votre seul moyen de vous supporter, vous n'êtes plus libre. Les publicitaires vous tiennent. Ils n'auront de remords, pas même après votre cancer du foie déclenché par vos trois litres de soda quotidien.

La consommation, encouragée par notre système, est plus pernicieuse que l'anéantissement du désir matériel. Elle va au-delà, elle va jusqu'à l'exploitation de tous les moments. Le temps aussi est devenu une matière à consumer avec « le temps c'est de l'argent ». Les horloges fondent sur le tableau de Dali depuis que nous nous sentons obligés d'allumer le bout des aiguilles comme si c'était des cigarettes. La surconsommation matérielle est grave, sur bien d'autres aspects que la liberté, elle est la cause de la pollution, d'exploitations abusives, bref. La surconsommation mentale me terrifie davantage. Nous répondons à une injonction qui est de profiter du temps, de ne pas le perdre. En obéissant à cet ordre, notre liberté ne nous appartient plus. Ce n'est pas une directive qui émane de notre for intérieur.

À mon égard, je suis un grand procrastinateur. Qualité mise au banc des accusés dans notre société.

Voyez-vous, j'adore faire mille activités, commencer ma journée par un cours sur la religion romaine, enchainer avec un jogging, écrire l'après-midi, rendre service à un déménagement, lire dans les transports, écouter ma musique en même temps, rentrer chez moi, sauter à la douche, ressortir voir un match de foot, boire des verres jusqu'à trop tard, rentrer à quatre heures, me réveiller à huit heures le lendemain. J'aime vivre. J'aime consommer le temps que l'on m'a accordé sur Terre. Je n'ai pas envie de le gâcher. Mais, quand est-ce que je savoure le mieux le temps que dans mon lit, en ne faisant rien. Là les secondes ont du poids, là les minutes ont un sens, là une heure on la sent passer plus qu'en courant de partout.

Je suis libre de consommer, ce n'est pas un mal en soi. Je suis libre de ne pas consommer, si je sens que cela n'apporte rien. Reprenons une autre expression à propos du temps : « Il faut prendre le temps ». Le temps est-il vraiment une chose que l'on possède ? Qu'on le gaspille par moment, il n'en est pas un fait moins sûr, cependant qui de lui ou de nous consume l'autre ?

Le Temps

Commençons par la seule certitude que nous avons : on ne peut se libérer du temps. Il y aura des chirurgies esthétiques, des nanotechnologies, des hommes qui vivent mille ans, le temps passera et régira nos journées.

Il faut neuf mois pour mettre au monde un bébé. Il faut une vie pour mourir. Il faut du temps pour pardonner. Il faut se trouver des passe-temps. Quoique nous fassions le temps est présent. Il est infini, il existe non pas depuis un moment, plutôt depuis toujours. Comment pouvons-nous être libres par rapport à lui ? Il est omniprésent. Aucune de nos actions ne se dérobera à son œil d'Horus.

Ce thème est le plus complexe que nous avons à résoudre depuis le début de cet ouvrage. Mes doigts tapants sur le clavier, sont eux-mêmes conditionnés par la fréquence à laquelle ma peau percute le plastique.

Le temps est celui qui nous fait vieillir. Par essence, il est une limite à notre existence, ainsi il réduit notre marge de manœuvre. Certes, nous pouvons périr au détour d'un rond-point où l'on s'est engagé en quatrième, notre fin n'est pas que le résultat du passage des années. Sans aller jusqu'au jour où nos yeux ne s'ouvriront plus, le fait de prendre de l'âge nous emprisonne. Nous pensons au premier abord à celui qui devient vieillard, perdant de sa force physique, de ses capacités intellectuelles, il ne faut pas négliger l'enfant devenant adulte. Si nous sommes contraints de vieillir, nous sommes contraints aussi de grandir. La première proposition n'est qu'un résultat biologique, qui pourrait ne plus exister un jour. La seconde est plus dangereuse pour notre santé mentale.

En effet, l'Homme a peur de sa décrépitude. L'érosion de son grain nous faisant apparaître des rides ne laisse pas indifférent. Pendant les trente premières années de notre vie, notre organisme continue de croître, nous sommes dans la fleur de l'âge. Puis, un jour, vers trente-trois ans, nous amassons des cellules mortes en nous qui finiront par nous emmener au trépas. L'espérance de vie des pays développés tourne autour des quatre-vingt ans. Cela veut dire que nous mettons cinquante ans à mourir à petit feu. Exception faite si l'on nous jette un sceau d'eau dessus. La vie humaine semble bien que limitée par le temps. Elle est une course où l'on essaye de perdre, ainsi nous vérifions l'expression les meilleurs partent en premier. D'ailleurs on remarque que ceux qui marchent le plus doucement sont les personnes âgées. Plus près de la ligne d'arrivée, nous ralentissons le rythme pour profiter un peu plus. Le temps est notre maître, on ne peut s'y soustraire. Alors pourquoi se soigner, se mentir avec des injections de silicone ? L'Homme lutte contre le temps parce qu'il n'accepte pas son déclin. Et cette lutte n'a pas fini ses enchères. Il est plus difficile d'apprendre à perdre qu'à gagner, et la plupart est grisée de ses trois décennies d'amélioration constante. On ne sera jamais libre du temps, c'est un combat que l'on peut gagner. Nous pouvons imaginer tous les progrès techniques, ils ne protégeront pas notre esprit de rouiller.

Nous ne pouvons aller à l'envers, nous sommes obligés d'évoluer. La notion d'âge est sans doute désuète et mal adaptée aux individus. Tous ne gagnent pas en maturité au même moment. Le fait que l'on soit décrété majeur à dix-huit ans, est une décision juridique. Combien sont encore des gamins le jour de leur majorité ? La société réclame la responsabilité automatique à des personnes qui peuvent ne pas l'être. L'injonction est là, il faut s'y soumettre. L'horloge de notre vie indique une heure, et à cette heure il nous faut être comme ceci cela. Cela est une pression de la société plus que du temps, pourrions-nous exprimer. Ce n'est pas faux. Qui a décrété qu'il fallait une Rolex avant trente ans ? Le passage adulte, d'un point de vue biologique, nous force à devenir des créatures pouvant se reproduire. Nous prenons des centimètres pour survivre, pour s'occuper de la progéniture que nous sommes capables d'engendrer. À partir d'un moment nous sommes capables de transmettre la vie, dès lors nous portons en nous la responsabilité des Hommes de demain. Le temps mène tout à la baguette. Si des évènements se produisent, le temps en fait partie, il est ces secondes où nous voyons un homme se faire projeter contre un poteau électrique par une voiture. Il nous force à naître, à grandir, à périr.

Il existe deux conceptions du temps. Celle chrétienne qui consiste à le voir comme étant une ligne droite discontinue. L'autre, que l'on doit à l'hindouisme, et que l'on a reconnu en Europe par Nietzsche qui parle d'éternel retour, est une vision cyclique. Que nous soyons posés sur une droite infinie tracée dans une direction, ou que nous soyons enfermés dans des cercles, il n'y a aucune liberté. Si nous tombons du wagon du temps, il y a deux solutions : soit nous serons écrasés sur les rails à son prochain passage, soit il nous traînera par une corde tout du long de son voyage, jusqu'à ce qu'elle cède, et que nous mourrions.

Notre dame liberté préfère se tenir loin du temps. Il est un amant dont elle ne peut se jouer, puisqu'il a toute maîtrise sur elle. À notre échelle, il nous faut essayer de composer alors avec le temps, plutôt que contre pour atteindre la liberté. Le temps est une aire dans lequel nous devons trouver notre place.

S'il est irréfutable que le cadran de Big Ben nous contient tous, entre les deux aiguilles nous pouvons faire ce que nous voulons. Après tout, le temps prendra chacun d'entre nous, et nous pouvons prendre notre temps. On ne perturbera pas les rouages d'une horloge nucléaire, en revanche nous avons une montre à gousset dans la poche, qui nous appartient. Je ne ferai pas se rallonger les jours de novembre à décembre, je peux habituer mes yeux à parcourir l'obscurité. Notre sablier s'écoulera jusqu'à ce qu'on ne puisse plus le retourner.

À notre naissance, nous recevons de la poussière temporelle. Elle est notre monnaie métaphysique. Nous pouvons la gaspiller dans de la cocaïne et du gin, nos espoirs d'être grands-parents se réduiront. Nous pouvons l'investir dans la lecture, au point de ne plus savoir s'exprimer en public. Nous pouvons la dépenser à rendre heureux ceux qui nous entourent, jusqu'à ce nous comprenions que ce peut être une perte de temps. Nous sommes libres de faire ce que nous voulons de cette bourse.

Alors oui, il y a des contraintes qui grappillent nos dollars de Chronos, le travail huit heures par jour, et le sommeil huit heures par nuit. Enlevons trois heures pour les repas et l'hygiène quotidienne. Une heure environ dans les transports. Il reste quatre heures de temps libre dans une journée de semaine. C'est long quatre heures à meubler. On peut en faire des choses en quatre heures. Chacun ses loisirs. Certains courent, d'autres regardent une série, s'investissent dans une association, assistent à une conférence... On entend souvent que nous manquons de temps dans nos sociétés, que l'on est broyé par les obligations. Je pense que cela est faux. Il faut cesser de dire être « surbooké », quand le temps moyen sur son smartphone, en France, par jour, est de plus de deux heures. La moitié de notre créneau libre passe là-dedans. Il n'y a pas à juger si cela est bien ou mal, l'époque veut ça, nous ne pouvons faire les aigris. Moi le premier, je passe ma vie sur mon téléphone, il est une extension de moi. Néanmoins, il est à retenir, par rapport à ce chapitre, que nous possédons beaucoup de temps, et que nous sommes libres d'en disposer comme on veut. Ne rien en faire n'est pas grave, nous l'avons déjà écrit. Lorsque vous dépensez du temps, sachez combien cela coûte.

D'autres parts, nous venons de considérer le temps disponible par le prisme d'une journée typique d'un occidental, ce n'est pas le modèle unique. Nous choisissons de suivre ce rythme, rien ne nous l'oblige. Demain, presque chaque être humain a la constitution pour survivre dans une forêt. Il récupérera davantage de sa dette temporelle. Nous présentons l'extrême certes. Néanmoins, cette envie de regain du temps est de plus en plus présente dans nos sociétés.

Le développement du télétravail, qui permet d'économiser les allers-retours au bureau, est une nouvelle mouvance, accélérée par la crise sanitaire. De même que nous assistons à de plus en plus de reconversions de cadres supérieurs, usés par les cadences imposées par leurs responsabilités. Ou encore l'émergence de plus en plus de free-lances, rémunérés à la tâche, statut qui leur donne plus d'autonomie. Le temps se libère toujours plus. Et c'est normal. Nous étions dans la perspective que le travail devait occuper l'Homme, mais qui peut s'ennuyer dans nos sociétés ? Il existe tellement de loisirs que les dépressions augmentent. Nous sommes libres dans notre temps, sauf que la plupart passe son temps à le combler pour ne pas dépérir.

Durant notre passage sur Terre, nous nous focalisons sur le manque de temps, ou sur son optimisation. Rien ne nous certifie qu'il n'existe qu'un temps et seulement celui de la vie. Notre mort sera plus longue que notre vie quoiqu'il arrive. Sans le temps nous serions prisonniers de la vie, bloqués dans une sphère de rien, pas de vie, pas de mort. Nous ne naîtrions point, les fleurs ne fleuriraient jamais, le soleil nous aveuglerait en permanence. Le temps est ce qui nous délivre. Il délivre la vie, nous rendant libre de faire ce que l'on veut, pour au moins quelques décennies. Et lorsqu'elle devient trop lourde à supporter, que notre corps atteint ses limites, il ne nous abandonne pas, il continue de défiler pour fatiguer nos dernières cellules, et nous rappeler au néant. Il se peut qu'une existence soit une parenthèse à l'échelle de l'Histoire, mais imaginez tout ce que l'on peut dire dans une parenthèse.

Le Rêve

Je vole au-dessus de l'océan Pacifique sur le dos d'un zèbre. Torse nu, plus on est proche du soleil, plus il fait chaud. Les oiseaux respectent le code de la route, sauf les oies qui pincent quiconque se met en travers de leur chemin. Ma sœur me fait des grands signes depuis le bateau en bas. Elle a peur en avion. Je repeins les rayures de mon destrier. Je rêve quoi.

À quel moment est-on plus libre que dans nos songes ? Les lois de la physique sont bafouées, nous pouvons rassembler en des lieux improbables Barack Obama, Staline, et Winnie l'ourson, nous pouvons tout. Il n'y a plus de limite. Nous sommes capables de converser avec les morts, avec des personnes rayées de nos vies, et il est impressionnant de voir à quel point leurs réactions sont réalistes.

Paradoxal que de se dire que l'endroit où nous sommes confrontés aux moins de barrières, soit un endroit où nous sommes abandonnées à notre inconscient. Il s'exprime sans avoir la barrière de la pensée consciente. Il peut nous révéler des désirs que l'on ne soupçonnait pas. Un rêve n'est qu'expression du désir selon Freud et sa *Métaphysique des rêves*. Serions-nous éternellement prisonniers de nous-mêmes ? Il est certain que le sommeil est un besoin physiologique, et que tous nous rêvons, pas toutes les nuits, en tout cas on ne s'en souvient pas. Une personne de soixante ans a passé environ cinq années de sa vie à rêver. On ne peut négliger une part si importante de notre vie, surtout si elle contient ce qui a de plus profond en nous.

J'écris ce thème, après avoir rêvé d'une personne qui m'est chère. Je pensais avoir réussi à faire une croix dessus, je ne l'aimais plus, elle m'était indifférente. Puis, je l'ai revue avant-hier, nous avons échangé sur des sujets qui n'étaient plus d'actualité. Un peu d'elle, un peu de moi, un peu de nous. Et hier, nous nous sommes brouillés, j'ai tapé dans le mur sous le coup de la colère. Viens la nuit, j'ai ouvert la fenêtre pour dormir, afin que mon sang chaud se refroidisse. Couché à deux heures, réveillé à sept heures vingt-deux. C'est un rêve d'elle qui m'a tiré du lit. Mon sommeil m'empêche d'enterrer mes sentiments. Voir des moments heureux que nous n'avons jamais vécus. Nous n'avons pas d'autres choix que de dormir, et lui, ce vil, il se permet de nous faire miroiter des inaccessibles.

Le rêve c'est notre pensée en débridé, il n'a aucune limite. Il révèle tous les traumatismes, toutes les joies, toutes les envies enfouies. Dans mon humeur du jour, j'aurais tendance à le décrire comme un bourreau. Il peut trancher notre tête sans ménagement. Il est un moment où nous sommes asservis à nos désirs. Nous ne pouvons réchapper à aucun d'eux. En outre, ils prennent un malin plaisir à se dévoiler sous des masques dont le sens nous est secret, bien que le mal soit là. Ce relâchement total de notre inconscient nous prouve à quel point nous en sommes dépendants. On s'extraie rarement de soi-même. Autant, en étant conscient, on peut s'entraîner à raisonner, autant, on n'apprend point à rêver. Tant mieux. Briser les chaînes que nous nous sommes forgés permet de se rendre compte de ce qui a de la poigne sur nous. Le fouet qui claque sur le dos de l'esclave n'est l'origine de sa douleur. Il ne doit pas s'en prendre au contremaître. Il doit se révolter contre la douleur. Les rêves sont un rappel à notre essence, il ne faut pas les balayer d'un revers « C'était sans queue ni tête ». Dans une difformité, il y a toujours diverses formes à déceler.

Peuvent-ils prolonger la douleur, revenir chaque soir comme le croque mitaine, peuvent-ils vous servir d'aide-mémoire. Ils sont cette seconde chance de nous comprendre lorsque nous échouons. Freud avait même trouvé des correspondances entre des rêves et des syndromes physiques. Des gens qui rêvaient de voler, ou au contraire se sentaient écrasés, se sont révélés avoir des pathologies respiratoires. Il n'existe pas de science des rêves, rien n'est identique chez l'un ou chez l'autre. Ce n'est pas offusquant, il n'existe pas de science de l'âme non plus. Un plus un fera deux, que la perte d'une grand-mère sera vécue différemment entre deux individus. Il faut s'efforcer de leur prêter de l'attention, ils ne veulent pas toujours dire ce qu'ils montrent.

Il ne tient qu'à nous d'agir pour que nos rêves ne soient pas une source d'aliénation. Ils peuvent être la clef de notre élévation. Ainsi, nous nous projetons dans l'avenir avec des rêves.

Quittons le monde des songes, où le rêve est la conséquence de notre être, rejoignons les bancs de l'école où l'on nous demande ce qu'on rêverait de faire plus tard. En effet, cette dimension de projection par le rêve, par l'ambition en réalité. Ce n'est pas tant des objectifs, qui eux doivent être atteints, un rêve peut se suffire à lui-même. Enfant, avant de savoir écrire, je rêvais d'être écrivain. Adulte, cela s'est transformé en un but. Quand je griffonnais, sur la table de la salle d'étude du collège, des vers, ce n'était que pour entretenir le rêve d'être écrivain. Il était doux, je n'y pensais pas toute la journée, il me réconfortait lorsque j'hésitais que faire de mon brevet. Un rêve est libérateur. Il est une perspective, non pas une injonction. On se satisfait plus de l'avoir que de l'accomplir le plus souvent. Nous sommes heureux de pouvoir le réaliser par moment, sauf qu'il faut réfléchir à ce qu'il en restera après. Puis, le résoudre, c'est prendre le risque de l'écorcher, de souiller une route d'arc-en-ciel qui nous radoucissait après la pluie.

S'extasier dans la rêverie pourrait être jugé inutile. Je n'arrive pas à le penser. Oui, dans la perspective d'être un bon capitaliste qui réussit ce qu'il entreprend, c'est gênant. Dans notre quête de liberté, ce n'est pas répréhensible. Sommes-nous esclaves de nos rêves ? Non. Il serait idiot de le dire. Un rêve ce n'est pas un désir dont il faut maîtriser les tenants et les aboutissants. Un rêve est un cheval qu'il faut laisser galoper dans l'Ouest américain. Il n'est domesticable qu'à grand coup de lasso, veut-on vraiment égratigner la fougue de cet étalon ? Sa robe perdrait de sa splendeur. Asseyons-nous, ravissons-nous de sa crinière taillée par les coups de griffe des pumas, s'il a à venir vers nous, il se mettra au pas. Nous le chevaucherons à cru que selon son bon vouloir. Si nous lui enfilons un mors et une selle, nous en ferons une monture nous obéissant, pas un cheval qui nous fera découvrir des contrées lointaines.

Les Emotions

Nous sommes sous l'emprise de nos émotions. Sous le coup de la colère, nous pouvons franchir des limites autant que passer le pied dans une porte. Ainsi, la philosophie s'efforce de les tenir à l'écart, jugeant qu'il ne faut faire acte que de raison. Évidement que nous devons nous efforcer d'être sensés. Évidement que l'on s'énerve tous pour rien par moment. Nous ne pouvons être de parfaits stoïciens en toute instance.

Il est animal que nos émotions se relâchent et s'expriment, alors nous les chassons pour la raison. Je ne suis pas convaincu que la raison soit moins tortionnaire que nos émois. Nous nous convainquons qu'elles nous asservissent, et nous finissons par leur céder. Qui n'a pas fait de choix par passion ? Qui ne s'est pas menti car il était joyeux ?

Les émotions ne se maîtrisent pas. Nous pouvons garder un air avenant alors qu'au fond nous brûlons d'envie d'hurler. Mêmes dissimulées, elles existent. Le plus souvent, nous patientons jusqu'à ce qu'elles s'évanouissent. Une photographie, une parole, un geste, peut les faire ressurgir d'un coup. L'humain est un volcan que l'on croit, à tort, endormi. Les autres s'étonnent lorsque l'on explose, que l'on déverse sa colère sur un proche qui nous a blessés, que l'on pleure de joie à un mariage. N'est-ce pas plus surprenant de contenir ce que l'on ressent le reste du temps ?

Sommes-nous plus raison que passion ? Pas sûr. La raison est un effort, un travail par l'âme. On ne peut dire sur l'âme, car la raison ne change pas la nature des êtres, elle les aide à les rationnaliser. En ce sens, elle est bénéfique, en accroissant notre connaissance de nous-même, nous accroissons notre compréhension. Ainsi, nous pouvons saisir le pourquoi, le comment, ce qui ne suffit pas à maîtriser ses émotions. Le pernicieux des émotions est que si elles peuvent être saisies, elles ne peuvent être trahies. En exemple, la rancune. Une rancune, c'est une ardoise que l'on accorde à quelqu'un. Il est marqué qu'elle nous doit du respect, et des centimes de compassion par moment. Tant qu'elle n'aura pas payé, nous lui en tiendrons rigueur. Nous pouvons nous défaire de ce sentiment en décidant d'ignorer, ou d'accepter de souffrir. Cependant, la rancune a pour épine de connaître son origine, on ne peut pas être rancunier de rien, il y a forcément quelque chose. De la sorte, savoir la cause ne résout pas le mal. L'émotion est là, nous pouvons la rationnaliser, cela ne la fera pas s'envoler.

Il serait injuste que de traiter nos émotions comme étant des chaînes, empêchant l'exercice de la raison. Sans émotion, nous n'aurions pas besoin de raison. Notre esprit serait une suite mathématique, nos choix seraient dénués d'intérêt, ils ne répondraient qu'à notre survie. Nous ne serions même pas un animal. Les animaux ressentent des émotions, ont un langage propre pour les expliciter. En l'absence de peur, de joie, de colère, de fatigue psychologique, nous serions des machines sans but. Et de fait, dans les domaines de la robotique, l'apprentissage des émotions aux intelligences artificielles est ce qui est le plus délicat. Nous éprouvons de l'empathie au décès d'une personne. Ou du soulagement lorsque celui-ci nous frappait depuis cinq ans. Nous éprouvons de la fierté à la réussite de notre sœur. Ou de la jalousie. Il n'y a pas de code dans les émotions. Elles sont multiples. Tout comme notre liberté. Quelqu'un de colérique n'est pas obligé de taper dans un mur, parce que nous sommes libres, nous pouvons nous transformer. Sartre avance cette vision d'auto-détermination de l'Homme. L'Homme, pour Sartre, ne naît pas d'une volonté divine, dès lors il n'a pas de but, et s'il n'a pas de but, cela veut dire qu'il peut être ce qu'il veut. Nous ne sommes pas déterminés par autre chose que nous-mêmes, selon le chef de fil de l'existentialisme. Si je suis impulsif, rien ne m'empêche de devenir calme.

Les émotions n'ont pas à être contenues, nous avons tout à gagner de les exprimer. Elles ne sont ni des définitions de notre caractère, ni des prédispositions de nos erreurs. Il ne faut pas sous-estimer notre capacité à changer, à évoluer. Peut-être que tout est prévu, que nous ne sommes que des conséquences de nos causes, mais l'humain n'est pas une équation à une seule solution. Il n'est écrit nulle part que nous ayons le pouvoir de changer les choses. Il n'est écrit nulle part que nous devions les subir. Le déterminisme est plus solide, dans ses démonstrations, que l'existentialisme. Je me suis résolu à cela, je ne me suis pas résolu à découvrir demain. Il ne faut pas excuser la médiocrité de celui qui ne veut pas changer sous couvert que tout est joué, c'est trop facile. Faire le pari de la Destinée est un pari perdant. Si elle existe, alors j'ai eu raison. Si elle n'existe pas, j'ai eu tort d'agir comme je l'ai fait. Alors que si nous partons du postulat que l'Homme est sa première volonté, et que nous vivons avec cette vision qu'il peut tout. Soit nous avons perdu une vie à vouloir se changer, vie que nous perdons quoiqu'il arrive, soit nous gagnons une existence.

Nos émotions sont le produit de nos actes, nous les cultivons chaque jour. Certains ont des baobabs d'orgueil, d'autres des platanes de bienveillance. Elles peuvent nous transir jusqu'à l'os. Sur une scène, devant mille personnes, notre voix se couper à cause du trac, ou se sublimer par l'excitation. Nous ne les dirigeons pas, l'arbre prendra le pli qu'il veut, sauf que les seules pluies qui irrigue notre jardin secret sont nos pleurs. Tout centenaire est susceptible d'être foudroyé ou tronçonné. La puissance qu'il faudra employer sera proportionnelle.

Enfant, je parlais si peu, ou dans un dialecte que seule ma sœur comprenait, qu'on croyait que je serais muet. Vers mes dix ans, cette timidité extrême, me pesait, et je pense être aujourd'hui, dans mon cercle d'ami, l'un des plus ouverts aux autres. Je ressens de la gêne, je ne la brave pas non plus, j'ai décidé de ne pas m'y soumettre. Elle est une émotion précieuse, qui permet de savoir se tenir à sa place, quand il le faut. Dans ma vie, j'ai fait le choix, de souvent ne pas être à ma place. Nos émotions ne sont liées qu'à ce que nous voulons. Nous pouvons pleurer devant un corbillard. La tristesse aussi nous la convoquons en des occasions. Il est possible que nos flots se déversent le jour de l'enterrement, et sèchent à la lumière du jour suivant. Comme nous pouvons les retenir pour mieux contempler leurs confluents sur l'oreiller. Nous avons l'impression de les subir uniquement car notre volonté est plus forte que notre être. Elle est une flamme qui peut nous faire briller ou brûler.

Amour

Je coupe les ponts, j'en reconstruis d'autres. Ils ne sont meilleurs que les premiers, je m'y plante des échardes autant qu'avant. S'il y a un jeu où nous ne pouvons être libre, c'est l'amour. Je ne parle pas de déposer un baiser sur le front de sa grand-mère pour la rassurer. Je parle du vrai amour, celui qui existe depuis l'Antiquité, qui a provoqué des guerres, qui a créé des vocations d'hypocrites. Il aura fallu le XXème siècle pour que se propage le mariage d'amour, descendant direct de l'idéal du Romantisme. Et quand décomptons-nous le plus de divorce ? Je n'ai pas besoin de vous dire le chiffre. Le contrat de mariage est une aliénation par essence. Il ne procède à aucun échange, le contrat social est plus sain que celui-ci. Un contrat de mariage est un marché où les deux parties donnent tout ce qu'ils ont à une entité fictive : Nous. Et ce monsieur Nous n'est qu'une boule difforme que nous modelons avec l'autre. Il n'est pas là pour garantir notre liberté comme celui signé avec l'État, il est là pour nous prouver qu'il est impossible d'être libre.

Nous marchions dans des squares où les chiens chiaient, et ensemble on riait. Il n'y avait aucune certitude à ce que nous revivions une journée heureuse demain. Nous étions libres. Le mariage est une mesure liberticide, elle est une obligation à s'aimer. Le lundi je peux détester mon autre au point de défoncer une porte, le mardi je souris devant nos photos, le mercredi, elle m'énerve, elle n'est pas responsable, elle m'agace, le jeudi je lui achète des fleurs, sans raison, et la fin de la semaine nous baisons jusqu'à ce que le dimanche m'échappe un propos désobligeant. Retour au lundi. Le mariage est un moyen pour s'assurer que la scène du dimanche relance la machine pour une semaine. Nous nous lions avec des anneaux, juste pour avoir une prise sur l'autre. Nous ne sommes pas idiots, nous reconnaissons en l'autre une source de bonheur privilégié, avant de se dire oui. Privatisons-la, les bénéfices nous reviendrons en permanence, et ce jusque notre mort. J'ai aimé des personnes avec lesquelles j'aurais pu me marier. J'en ai souvent eu envie lorsque je sentais la fin venir. Etait-ce parce que j'atteignais ce seuil où il n'y a plus que ça à faire ?

Je me souviens de cette fille. Bien sûr que j'étais esclave de notre amour. Je n'avais pas de maîtrise. J'aimais ça. Une soirée sur deux je parlais à ses copines, l'autre je disais à mes amis que nous n'en avions plus pour longtemps. Il y a eu un moment où je pensais qu'elle était une entrave à ce que je pouvais écrire. Puis je la traitais de salope dans un poème, cela allait mieux. Deux, voire trois, rosées du matin se perlaient sur nos yeux, nous nous retrouvions, nous n'étions pas davantage d'accord qu'avant, on mentait à l'autre pour qu'il nous reprenne dans ses bras. J'ai fini à genoux pour qu'elle me remette nos menottes. Il y a des chaînes qui peuvent vous faire sentir bien libre. Sans elle, je n'écrivais plus. Et si aujourd'hui je parviens à vous le retranscrire, ce n'est que par espoir de la retrouver. Elle existera dans des yeux nouveaux, sous la peau d'une amante aimante. Coucher avec beaucoup de filles vous mène à souvent imaginer la même. Une qui partira au matin. Vous ne serez dépendant de personne. Ce n'est pas les câlins après que votre hypophyse se soit court-circuitée qui vous manqueront, il y aura toujours une compagnie qui vous les accordera. Une âme brisée comme vous. L'amour est un maître dont on réclame les coups de fouet. N'invoquez pas de jeux de mots graveleux.

J'aimerais avoir une démonstration rigoureuse à vous proposer. Si vous ne vous êtes pas rendus compte encore, que j'en suis incapable, relisez Descartes, Spinoza, Kant. L'amour est la chose la moins raisonnable en laquelle croient les gens de raison. Il naît au milieu des normes autant que dans la psychologie inversée. Nous sortons avec tel indésirable pour aller à l'encontre des napperons de mamie Lily, nous invitons au restaurant tel expert-comptable qui repasse ses caleçons pour convenir aux repas de Noël. Amour, libère-moi de ces conventions au lieu de me les rappeler !

Je ne sais pas pourquoi nous tombons amoureux. Peut-être parce que cela nous ramène sur Terre. Il est inconcevable que nous puissions être élevés au-dessus de notre condition par un sentiment. Pourtant, j'en conviens, nous pouvons être la victime et le tireur. Je retourne, je détourne, je tourne en rond, je ne trouve plus de rime en « -ourne », je m'avachis sur une poitrine qui ne serait aucune autre, et je sais qu'aucun sein ne m'abreuvera d'un plus grand sentiment de liberté. Cette fille qui parcourt mes cheveux comme pour relire mon passé, me les attache en une tresse. Nous pourrions lier nos destins. Vaut-il mieux se résoudre à ne jamais être libre à deux ou s'illusionner en sillonnant le monde seul ? Un nourrisson a vingt mille hertz de capacité auditive en sortant du vagin, il en perdra au fur et à mesure toute sa vie. Il faudrait abandonner cette perspective que de s'améliorer, nous naissons parfaits avec la conviction ultime que personne ne l'est alors on ne peut que se détruire. L'amour a cela de rassurant qu'il nous permet d'espérer qu'à deux, (ou à trois, maintenant on s'en fiche) qu'on puisse reformer une perfection originelle. Nous ne courrons pas tant après le temps qu'après ce qui n'existe plus. Les souvenirs d'une histoire d'amour nous les haïssons afin de réussir à les bénir. Ils nous mettent en défaut, nous forcent à accepter que les sentiments ne s'éteignent jamais. Un amour peut nous enchaîner bien qu'une autre personne nous tienne la main. Cinq ans après une passion qui n'aura duré plus d'un mois, nous nous replongeons dans les traits qui nous troublaient. Aujourd'hui, ils ne nous font plus rien, nous allons dîner avec la compagne de ce vieux roman, mais à l'époque, ils nous mettaient dans un état si particulier. Ce n'est pas tant la beauté que l'intensité qui sait nous bouleverser.

La solution la plus convaincante qui me vient pour ne pas subir l'amour, est de ne pas être amoureux. Nous ne pouvons que plus ou moins contrôler nos sentiments, nos émotions, nous pouvons en revanche les rejeter. Ce n'est pas un choix de la raison que de rayer une partie de soi, c'est de la folie. L'humain n'est bon qu'à faire l'éloge de la folie comme Érasme de toute façon. Se refuser à l'amour autorise d'assouvir ses besoins sans se soucier des conséquences. Il me semble que cette hypothèse est la plus viable sur le long terme. Nous ne sommes plus dans un processus de sublimation, l'humain ne veut plus souffrir, et pour cela il est prêt à ne plus aimer. Houellebecq décrit la déréliction de l'amour devenu un produit de consommation si bien. Il n'est plus important d'aimer, il est important de le consommer. Il n'y a rien à faire. Aimer, faire confiance à une autre âme que la sienne, est devenu plus difficile que d'entrer ses coordonnées bancaires sur internet. À titre personnel, ces relations ne me suffisent pas. Ces échanges de bons procédés pour un coup de rein me déçoivent terriblement. Je crois que je ne sais pas, ne pas aimer. Je ne suis pas le seul, sinon je n'aurais pas vécu des nuits blanches. Peut-être est-ce que je préfère explorer l'esprit que le corps ? Il est bien plus vaste, plus surprenant. Il y a mille manières de faire l'amour, avec des corps qui s'effleurent, alors qu'il y a au mieux une vingtaine façon de baiser. L'un sur l'autre, l'autre sur l'un, l'un en bas de l'autre, l'autre derrière l'un...

La déesse Liberté est insolente en amour. Elle n'en veut pas, elle essaye de se tenir à l'écart. Les célibataires sont présentés libres comme l'air, néanmoins la majorité d'entre eux recherche à ne plus l'être. Être en couple avec soi est envisageable, être amoureux de soi est de l'égocentrisme. Pour résumer, ceux qui vivent d'amour en sont dépendants, et ceux qui vivent d'eau fraîche s'en contentent dans l'espoir de découvrir ce banquet à l'unique plat.

Une existence entière qui ne croiserait l'amour ne serait libre que par son ignorance. Une fois découvert, il faudrait résister à ne pas tomber dans les bras de ce que nous aimons, toute notre vie. L'Homme n'est pas assez fort pour cela. Il finira par craquer au détour d'un baiser, d'un rêve, d'un court poème rédigé sur son portable. L'amour n'est pas un Beau que nous pouvons observer et nous en satisfaire. Déjà parce que nous ne pouvons le posséder, c'est lui qui nous possède. Perdu pour perdu, fonçons la tête la première, si l'impact est suffisamment violent, nous pourrions tomber dans le coma direct. Ce serait moins douloureux que de laisser nous envahir peu à peu la maladie d'amour, celle qui se répand et vous emmène à sourire au rayon de papiers toilettes, parce que vous lisez un message mignon.

Je n'écrirai rien sur le couple libre. À partir de moment que le mot couple existe, nous cédons notre personne, notre pouvoir de décision, notre liberté.

Être amoureux ne répond à aucune logique primaire. Ce n'est ni nécessaire à la reproduction, ni à notre survie, et c'est ce que nous vénérons. L'amour est mort quand il est né. Il ne consiste qu'à savoir quelle personne sera apte à partager notre liberté. Et nous nous trompons souvent. Le choix peut s'avérer judicieux pendant quinze ans, puis, d'un coup, être la pire erreur de notre vie. Lorsque vous vous verrez rougir, demandez-vous quelles libertés vous voudriez partager avec cet individu. Il me semble qu'une relation stable devrait débuter par cette simple interrogation. Elle n'engage à rien, elle ne formalise rien. C'est à cause de cette liberté partagée que nous en voulons lorsque l'autre nous trompe. L'adultère n'est pas une douleur de la confiance, l'adultère est un brise-glace dans notre liberté. Nous avons tous cru au père Noël, la découverte du pot aux roses ne nous a pas laissé une marque indélébile. Nous ne partagions pas notre liberté avec un monsieur barbu. Avec l'autre, dans le « nous », nous mettons notre liberté. Pour qu'un être puisse fonctionner, il a besoin d'une volonté propre, nous lui accordons. Les couples d'aujourd'hui se voient davantage comme deux individus qui partagent une existence. Ils mettent de la distance parce qu'ils ne veulent céder de leur liberté. Beaucoup de relations devraient se demander si elles s'aiment ou si elles sont un plan cul qui s'entend bien.

C'est une liberté noble que de savoir la céder en partie. Pas entièrement attention, ne devenez pas les jouets de manipulateurs toxiques. Nous ne pouvons pas accorder ce privilège à n'importe qui, sinon il en usera pour nous pendre. Combien de fois, grâce à l'amour, nous brisons les règles, nous baisons sur la plage, nous achetons une gourmette trop chère, nous changeons de pays, nous nous engageons dans un nouveau projet, nous trouvons le soutien, la force, combien de fois l'amour est-il une énergie ravageant nos frontières ?

Quoique nous puissions en subir les caprices, l'amour,
le vrai, sait repousser nos limites, et il n'y a rien de plus
libre que cela.

Le Passé

Quoi de plus aliénant que le temps dont nous sommes les enfants ? Notre passé est un cimetière dont nous traînons les dépouilles. Il rejoint la vision du déterminisme, que nous choisissons en fonction de lui. Cela ne veut pas dire que nous apprenons de nos erreurs, et que nous ne les refaisons pas. Au contraire, nous avons tendance à fauter de la même manière que la première fois. Il y a des erreurs que l'on apprend à parfaire sans doute. Je n'en sais rien.

Sommes-nous condamnés à subir ce qui nous a traumatisés auparavant ? Il faudrait se souvenir d'oublier comme l'écrivait Nietzsche. Ce n'est pas une solution à tout, il se peut que ce soit un leurre. D'ailleurs, il me semble que le philologue se sert de cette doctrine comme d'un trompe-l'œil. Le temps étant cyclique pour lui, notre passé est notre futur, et on ne peut que supporter d'oublier pour ne pas perdre la tête en voyant tout se répéter.

Il se peut que les cycles soient une manière réconfortante de vivre. Si tout revient, et que nous en avons la certitude, bien que nous en ignorions la forme, cela veut dire qu'il n'y a plus d'inconnue. L'absence de nouveaux horizons pour l'Homme moderne est rassurante plus qu'angoissante. Le monde qui l'entoure se transforme si vite que le fait de s'acharner dans ses maux se veut réconfortant. Il peut se permettre d'accuser ces cercles vicieux comme étant ce qui le définit. Une quête d'identité vaine. Nous montons dans un avion, nous profitons de vacances, parce que « ça fait du bien de couper », alors que nous fonçons droit dans la gueule du loup. Les vacances sont un souvenir qui nous bercent toute l'année, la misère est plus belle au soleil, et nous allons au bout du monde pour oublier nos problèmes. Preuve qu'il n'y a pas de solution à nos âmes persécutées, les vacances ne durent qu'une semaine, deux, voire trois. Oublier, c'est se libérer de notre passé pour savoir l'accueillir avec étonnement.

Toutefois, tout ne peut se résoudre qu'en fermant les yeux. Nous pouvons accepter d'une part que les choses soient cycliques, tout en luttant pour que dans ces cercles, notre être puisse perpétuer. Les gens ont tendance à se servir de cela comme excuse. Je ne peux frapper ma femme parce que mon père le faisait. Cela est une observation psychanalytique, ce peut être une cause, rien n'excuse la conséquence. Nous pouvons œuvrer à connaître ce que nous avons été. Il est nécessaire que de s'aventurer dans son passé. Il renferme les causes de nos actes, il en va d'une quête de compréhension de notre être. Comprendre ne permet pas systématiquement de résoudre, de s'affranchir de nos erreurs, cela peut aider à les accepter. Cette ataraxie et apathie libère l'âme. Nous ne pouvons changer le passé, mais s'il est condamné à revenir, nous en pâtirons moins à l'accepter.

Pour autant, le passé ne se contente pas de reparaître sous de nouvelles formes. Il existe des peines, des pertes, qui sont définitives qui ne cessent de nous hanter. Cette amante qui est partie, sans nous vouloir de mal, ce grand-père que nous ne reverrons plus, ou cette amie partie s'installer à l'étranger. Les souvenirs voilà ce qui nous torture. Ils sont à enfouir pour parvenir à les surmonter. Ils sont à conserver pour réussir à les honorer. La relation entre réminiscence et liberté n'a pas lieu d'être. Nous ne sommes pas plus prisonniers de notre être que de ce que nous avons été. La liberté ne rime pas avec souffrance, cependant elle se prononce souvent pareil : vivre.

On ne peut être et avoir été, le passé est une partie intégrante de nous, plus qu'il n'est un morceau de parchemin où sont inscrites nos fautes. Cela est pernicieux avec le temps de la mémoire, il ne peut se montrer agréable. Soit nous maudissons nos malheurs, soit nous médisons notre précédent bonheur. L'approche cyclique permet de se rassurer que l'on connaîtra à nouveau de pareilles joies, et nous balayons la haine en pensant qu'on ne peut pas pleurer davantage. C'est faux. Les évènements sont uniques. Il se peut que vous n'irriguiez plus le Nil, il se peut que ce soit pour abreuver le Mississipi. Il se peut que vous éprouviez des plaisirs défiant votre imagination, il se peut que vous deviez vous contenter de moins.

Le passé est ce qu'il est, vous ne le changerez nullement, vous n'en tirerez pas forcément de leçon, ce n'est pas grave. Nous avançons dans notre existence, et jusqu'à notre mort, nous traînerons ces cadavres. Nous ne pouvons pas vraiment les enterrer, ils finissent par ressurgir comme des morts-vivants. Vaut-il mieux encore avoir dans son rétroviseur ce qui peut nous tuer plutôt que d'ignorer où se terre le danger. Nous n'avons pas à en nous libérer, nous n'avons pas à nous en débarrasser. Nous avons tous une histoire, elle est belle, peu importe ses accrochages, l'une des plus grandes séries de la littérature s'appelle « Les Misérables ».

Fable de la liberté

Il était une fois au royaume des dieux, une terrible discorde. En effet, deux divinités faisaient trembler le palais aux mille kilomètres de couloir qui sert de résidence à ces forces supérieures. Le dieu de la Volonté, Voluntatis, avait pris de travers une déclaration du roi des dieux, Rex. Le souverain céleste, dans un banquet où l'ambroisie coulait à flot, s'était vanté de la foi des Hommes en lui, que la seule volonté qu'ils avaient était de se rapprocher de lui. Voluntatis, tout autant éméché, se révolta contre une telle aberration. « Roi, vous ne pouvez dire ça, sinon cela voudrait dire que mon être entier ne se dirige que vers vous, et je vous jure que vous êtes ma dernière préoccupation. ». Oser remettre en question la suprématie du roi, était un péché grave. Les autres divinités présentes ont tenté de raisonner Voluntatis, qu'il n'était qu'un outil pour les Hommes pour s'approcher de la condition céleste. Il n'en démordait pas : « Je suis le libre-arbitre, je suis le coupable et le juge, je suis l'oiseau et la cage. Ce roitelet n'est rien sans moi, même lui a besoin de mes facultés pour exister ! ». Rex qui se tenait tranquille devant le coup d'éclat de Voluntatis, ne supporta pas cet affront. Qu'on remette en cause la légitimité de sa toute-puissance était proscrit. Il frappa la table recouverte de mets pour imposer le silence, il se leva de son fauteuil orné de saphirs à la fois bleus et rouges, et déclara : « Mon fils, Voluntatis, je t'ai engendré, dès lors tu ne peux précéder mon existence, tu n'as pu décider de ta naissance. ». La réponse parut sage et philosophique, les muses des arts applaudirent en premières avant d'être suivies par la majorité de l'assemblée. Voluntatis, qui est d'un naturel sanguin, s'agaça de cette ovation. Il savait que ce raisonnement était faux, mais il n'avait pas la grandeur oratoire pour le démontrer. Il est dieu de la Volonté, il pense d'abord par les actes. « Très bien, rassurez-vous paternel, si je ne suis qu'un nourrisson comme les autres, je m'en vais là où je le veux. » Et alors il sauta des nuages. Les dieux sont immortels par principe dans leurs royaumes, en dehors, bien que doté d'un pouvoir surpassant les humains, ils peuvent mourir. Une chute du sommet du monde ne laisse pas le doute quant à la mort de Voluntatis.

Le roi des dieux fut excédé d'une attitude tant jusqu'au boutiste. « Cela ne rime à rien, on ne se tue pas pour une conversation animée ! ». Il retint la puérilité de sa progéniture, qui n'avait su reconnaître sa faiblesse et se détourner des railleries. En conséquence, il fallait organiser des obsèques. Certaines divinités voulurent aller récupérer le corps, sauf que les vents avaient pu faire voler l'enveloppe charnelle sur la terre entière. Ce pouvait être des recherches vaines, surtout que Voluntatis avait un physique plutôt banal, celui qu'on ne remarque pas au premier abord. Il était davantage charmeur que doté d'une beauté hors du commun. « C'est sûr que retrouver un Apollon aurait été plus simple. » se fendit le roi de cette pointe d'humour à laquelle les convives réagirent en gloussant. Le corps se désintègrera dans un océan, ou dans une terre agricole, ce n'est pas bien grave. En revanche, il est nécessaire de procéder aux obsèques en suivant la tradition. Si la main droite de Rex avait créé Voluntatis, sa main gauche l'avait élevé, et avait pris l'habitude de tenir la sienne. Ainsi, pour l'harmonie de son corps, le roi ordonna les funérailles au plus vite, selon les dernières volontés du témoin.

Tout le nœud du problème était là : quelles sont les dernières volontés de Voluntatis ? Personne ne put exprimer ce qui en était. À vrai dire, le dieu de la Volonté n'entretenait que peu de lien avec les habitants célestes. Il préférait arpenter le monde des humains, souvent il se déguisait pour les aider. On savait que lorsqu'un paysan pouvait lancer, abruti par le travail « Je ne sais pas si j'aurais la volonté d'aller au bout du champ aujourd'hui. », Voluntatis prenait possession du buffle qui tirait la moissonneuse et aidait ce pauvre dont la couleur des mains était devenue celle de la terre. Mis à part ces frasques de bienveillance, les dieux ne savaient rien de lui.

En l'état, Rex se décida à fouiller la demeure de son fils. Il devait y avoir une feuille avec des mots, une écharpe, un objet, n'importe quoi qui permettrait de rendre les hommages correctement. La bicoque était vide. Même pas un lit.

L'assemblée des dieux résolut de ne rien faire. Puisque Voluntatis n'avait rédiger aucune dernière volonté, c'est que sa dernière volonté était de ne pas en avoir. Alors, l'affaire réglée, on n'organisa aucune cérémonie, et on ne parla plus de Voluntatis de la journée.

Ce n'est qu'au lendemain matin que les ennuis commencèrent. Rex sortit du lit avec envie de rien. Son bras gauche ne voulait plus lui obéir, jugeant obscène la décision des obsèques de Voluntatis, et son bras droit était immobile. Pour sa main dextre, il ne comprenait pas d'où venait son impuissance. Le bout de ses doigts lui paraissait être à une centaine de mètre, et que son énergie ne parvenait pas jusque-là. Il avait beau concentrer toute sa volonté en ce point, les phalanges ne bougèrent pas d'un pouce. Pour ne pas perdre son temps inutilement, il se dit que ses bras finiraient par lui obéir à nouveau. Sauf qu'il ne voulait plus rien faire, mis à part retrouver la maîtrise de soi. Ce n'était pas un caprice royal, c'était une nécessité. Toutes ses pensées ne le ramenaient qu'à son impuissance. Il se tenait debout à côté du lit, et la force de rester droit lui manqua, alors il s'allongea, et une fois remis sous la couette, il se sentit mal dedans, et voulut se relever. Il fit ce manège au moins cinq fois avant qu'une voix ne vienne le perturber. « Roi, mon roi, tous les dieux ne savent ce qu'ils veulent, ils font rien et n'importe quoi à la fois ! ». Cette messagère, la seule qui parvenait à se mouvoir, était la Vie. Le roi se raccrochait à ses pouvoirs supérieurs pour s'exprimer encore de façon cohérente : « Pourquoi tous nous sommes tétanisés et pas toi la Vie ? ». « Pour une raison très simple : je n'ai pas besoin de volonté pour exister, aussi malheureuse que je suis sans, je suis. ».

Devant la déliquescence de sons système nerveux, s'inquiéta de savoir comment faire revivre Voluntatis. « En faisant acte de lui ! Je suis la vie, si vous me montrez ce qu'est la volonté, je peux l'enfanter, ici et maintenant. ». Le raisonnement de la déesse était juste. Au détail près, comment faire usage de quelque chose que nous n'avons plus ? La volonté vient de soi, si elle est absente de nous, il est difficile de la créer à partir de rien.

La Vie, qui est plus maligne qu'elle n'y paraît, proposa que l'on joigne sa sœur : La Mort. Elle aussi devait continuer à s'exercer. Elle est un peu taciturne, il est probable que dans son abattement quotidien, elle ne se soit rendue compte de l'accalmie. Grâce à leur lien de jumelles, La Vie établit le contact assez vite. Sa sœur peste, mais accepte de venir dans la demeure de son roi. Une fois présente, La Vie posa le dilemme suivant :

« Mon roi, la volonté a disparu de votre âme, et la Mort et moi-même n'en avons aucune par essence, toutefois vous pouvez choisir entre nous deux. ». Il ne comprit pas la démarche, il se soumit à la proposition de La Vie n'ayant rien à tenter. Si en temps normal, il se serait empressé de dire La Vie, là, il douta. N'ayant plus d'envie, La Mort lui semblait être une échappatoire agréable. Sa fille, dissimulée par un voile noir, révéla par un courant d'air l'entrouverture de sa cuisse. Il ne l'avait jamais vu avec une pointe de sensualité ou de désir, elle était celle dont on détournait le regard aux banquets. Alors que là, La Vie radieuse et opaline, était un rayon masquant l'obscurité séductrice de sa sœur. Il fit un pas vers elle, se saisit du glaive à côté de son lit, et leva le bras pour se harakiri. Au moment où la pointe de l'épée piqua son abdomen, on retint sa main. C'était Voluntatis. Il était revenu, le monde céleste allait pouvoir reprendre son cours normal.

La Dépression

Ce thème vient de s'imposer à mon esprit suite à une journée très heureuse. Témoignant de mon incapacité à profiter, et à ne pas résister de me réfugier dans mes tourmentes. La dépression est une maladie bien singulière, voilà pourquoi il me fallait la traiter à part. Un cancer, une cystite, la maladie de Charcot, ces affres à l'organisme sont connues, identifiées, et on sait lorsqu'ils ne sont plus soignables. La dépression est l'anti-maladie dans le sens qu'on ne sait jamais si l'on va en guérir. Le xanax, le lexomil, et autres antidépresseurs n'ont aucune certitude de nous guérir. Il me semble qu'ils ne sont d'aucune utilité dans le processus même, ils sont des antidouleurs, rien de plus. On souffre moins alors nous vivotons, ou nous trouvons le calme nécessaire à la gestion de nos introspections.

Dans notre quête de liberté, la dépression est presque une nécessité. Nous pouvons tous être dépressifs, nous avons tous des blessures, des insatisfactions, et ça n'a rien à voir avec le fait d'être fort que de s'en contenter. La dépression est une absence de passion, d'envie, ce qui se rapproche de la vision stoïcienne de la liberté, pourtant on ne peut dire que les dépressifs soient des êtres libres. Toujours terrés dans leur brouillard, ils s'obstruent la beauté de la vie. Être dépressif c'est lutter avec soi-même. Alors il y a deux types de malades : ceux qui ont peu d'énergie pour se battre, et se font avaler plus facilement, puis ceux qui sont des dragons du combat intérieur, et qui s'enfoncent au plus profond de ces sables mouvants.

Revenons-en à cet état de nécessité de la dépression. Personne ne se connaît mieux qu'un dépressif. Il est coupé en partie du monde extérieur, concentré sur son psychisme. Ce n'est pas étonnant que ce soit une maladie qui touche tant de monde dans le système de l'individualité. La dépression est une pièce close dont nous avons la clef cachée sur nous. Et la liberté n'est pas autre chose. Il faut connaître le prix des chaînes pour connaître la valeur de ne pas en avoir. La dépression permet, à mal, de se recentrer sur soi. Il n'y a plus d'envie, s'il n'y a plus de désir, nous nous sommes détachés de l'un de nos principaux liens. Lorsque ça ne va pas, les gens vont faire les soldes, en se jetant sur un faux désir à combler, ils évitent de se confronter au vide en eux.

Après une rupture j'ai acheté un pull rose, des baskets blanches et beiges, et un pantalon à carreaux. Tout ça avec le simple désir de revoir mon ex-copine et de porter à la fois des vêtements qu'elle déteste, et à la fois exactement ce qu'elle aurait aimé que je porte.

Une fois dénué d'envie, de volonté, nous ne sommes esclaves de plus rien, et pourtant c'est là qu'on se sent le plus prisonnier. Le réveil, la manière dont sont taillés les trottoirs, tout peut nous étriquer. Est-ce que le fait d'être possédé nous rassure ? Il est compliqué que de trouver sa place, alors souvent, nous substituons cette tâche en prenant place dans le cœur des autres. Sauf que ce n'est qu'une solution temporaire, ce n'est qu'une étape, la réalité finira par nous rattraper. Dans cette pièce de vide où nous sommes, il n'y a que nous, nous recevons des lettres par moment, au mieux. Il n'y a pas de recette miracle pour s'extraire de cette case. Chacun a son chemin vers sa liberté, chacun a son plan d'évasion. Il n'y aura pas plus libre qu'une personne qui sortira de sa dépression.

La dépression est ce point zéro où tout est à construire. Sauf qu'avant d'élever sa tour Eiffel, il faut creuser des fondations. Plus notre appétit de liberté est grand, plus il faut l'ancrer au centre de la Terre. Cette descente en soi à coup de pelleteuse est douloureuse, car on ne peut créer des trous sans prendre le risque de briser des canalisations, des raccords électriques, une ligne de métro...

De notre vie nous sommes l'architecte. Un architecte qui n'a suivi aucune formation, qui n'est guidé que par son crayon de papier sur ses plans. Il ne faut point se surprendre dès lors qu'il y ait des déséquilibrés avec des escaliers montés à l'envers.

Il existe sans doute autant de motif de dépression que de personne sur Terre, je ne peux vous fournir un manuel de survie ici. Si cela était une simple maladie, nous la traiterions de façon identique pour tous, mieux encore : nous aurions inventé un vaccin. Un vaccin contre la dépression voilà une perspective qui m'arrête. Pourquoi personne ne le recherche ? On compte plus de 300 millions de dépressifs dans le monde. À rajouter à cela, tous ceux touchés par cette pathologie sans être pris en charge. Une piqure de bonheur et tout nous redeviendrait merveilleux. Dans notre société qui a de plus en plus de similitude avec *Le meilleur des mondes* et *1984*, il en est presque outrageant que cela n'existe pas. Les laboratoires nous pondent des antidépresseurs, qui deviennent tous des drogues à terme, et pas de vaccin. Un vaccin qui ferait que tout va bien tout le temps n'est profitable à personne en réalité. Si l'Homme allait si bien, il dépenserait moins lors des soldes, ressentirait moins le manque, et tomberait un peu moins malade. Puis nous mettrions les psychiatres, les psychologues, les psychanalystes, des laboratoires pharmaceutiques au chômage.

Il est évident qu'un vaccin contre la dépression semble une utopie, et je le jugerais inutile. La réflexion précédente n'a pour but que de déconstruire une certaine conception du monde. Il ne faut pas s'affoler de se sentir mal, c'est davantage normal que l'inverse. Cultivons notre dépression, elle contient davantage de réponse que d'illusion. Certes être dans cet état n'est pas seulement se sentir mal ou pleurer un soir dans son lit, il y a un cadre scientifique qui est là pour la définir. Cependant, quoi de plus libre que d'aller mal dans une époque où tous doivent aller bien ? Nous vivons dans cette injonction depuis la fin de la seconde Guerre Mondiale. Parce que nous avons vu l'horreur, nous sommes obligés d'avoir le sourire pour l'effacer. De mon point de vue, je relativise mes maux en repensant à cette période, et dans un second temps je m'écroule car elle est la preuve que l'Homme est mauvais. « Il ne sera plus jamais aussi destructeur. ». Quelle négative niaise. Depuis le départ, l'humain surpasse ses prédécesseurs, tôt ou tard, c'est la base de notre espèce. Ces faits du passé nous devrions les lire de cette façon : « Oh non, nous avons déjà fait tout ça, alors nous ferons pire, mais comment ? ».

La dépression se bute à une forme de liberté tout de même : celle d'être heureux. Nous visons une liberté pleine et entière, qui accepte que l'on puisse pleurer et rire. Un dépressif qui rit est souvent empreint de cynisme. On ne peut s'interdire quelque chose sinon nous ne sommes plus libres. Peu importe que ce soit pour notre bien que nous nous refusons. Être triste est naturel, n'est ni mal, ni bien. Se poser des limites pour rester dans un état qui nous réconforte, est un processus semblable au bonheur. Les opposés s'attirent et se ressemblent. Si dans le bonheur nous assistons à un refus de la douleur, la dépression est la répulsion de toute forme de satisfaction. Certains alimentent leur maladie pour garder leur indépendance par rapport à l'extérieur. Il est plus sûr de manger des céréales toute la journée, sous sa couette, en regardant un documentaire sur les familles nombreuses, que de se confronter au grand air. Le rejet en CO2 des autres semble s'infiltrer dans nos poumons en une fraction de seconde, ils nous étouffent ces heureux, ces compréhensifs, ces indifférents. Au final, si nous ne réconcilions pas notre âme avec eux, nous resterons ensevelis dans notre jardin secret, et personne ne pourra venir se recueillir sur notre tombe. La dépression, comme beaucoup d'autres sujets, est une notion dont les réponses sont en nous. Alors nous nous barricadons, nous nous éloignons du monde pour mieux se retrouver. L'instinct est juste. Nous avons besoin de travailler sur notre psychisme, de trier, seul, les informations que nous avons. Néanmoins, un des meilleurs moyens pour rentrer en nous est le regard des autres. Hegel soutenait cet aspect réflexif des autres. Nous voyageons au cours d'une conversation qui peut révéler une part de nous que nous ne soupçonnions pas. Si nous transposions cette équation en littérature, nous pourrions faire la comparaison suivante : lire un essai nous donne le concept de plein fouet, comme lorsque nous réfléchissons seul, alors que la lecture d'un roman nous apporte des réponses de façon déguisée que nous acceptons plus facilement, sans besoin de démonstration.

Pour conclure ce chapitre n'aura avancé que peu notre quête de liberté. Il est délicat de savoir que retirer pour la globalité de maux aussi personnels. Lorsque j'ai été dans un état proche de celui-ci, ou totalement comme celui-ci, je sais que j'aurais dû m'ouvrir aux autres. À ma grand-mère, à ma sœur, à mes amis, à ma compagne, à un psychiatre... Il y a toujours quelqu'un pour vous écouter, et par moment cela suffit. On tombe dans cette maladie car le monde nous réduit en poussière de ses deux mains. Pour éviter que cela ne se produise, nous le fuyons, et nous nous cachons dans un terrier aux confins de la Sibérie. Nous avons simplement été transférés de cage. Pour se délivrer de cette cage, il suffit d'ouvrir son cœur, en étalant votre esprit sur une table un dimanche après-midi, vous trouverez plus facilement la clef ainsi qu'en fouillant dans la malle rangée et obscure de votre cerveau.

Nouvelle urbaine I

« Kylian, fonce Kylian ! ». L'entraineur de l'US Ponty encourageait sa pépite à aller droit au but. Ce môme était extraordinaire, comme le définissait les parents sur le bord du terrain : « Il pue le foot lui ! ». Son talent le suivrait partout de la façon d'une mauvaise odeur. Il était si fort, qu'on ne pouvait que vouloir se boucher le nez lorsqu'il remontait le long de la touche. Son talent gâchait tellement celui des autres.

À dix ans, son avenir est déjà tout tracé. Sauf aux yeux de sa mère qui croit que jouer au foot n'est pas un métier. Qu'est-ce qu'un métier ? Faire semblant de faire quelque chose de difficile et percevoir un salaire ? Il est vrai que cette dame ne le sait plus trop puisqu'elle est à la maison depuis l'hiver 2009. Ce n'est pas que leur maison soit d'un entretien à plein temps. Une cage dans une cité HLM est vite nettoyée. Son père l'imaginerait bien faire carrière son petit Kylian. Il l'imagine aussi depuis un an. Il participe à un business de transfert de voiture entre l'Europe et le Maroc, où il a tendance à être la bonne poire, celle qui ne réclame pas trop sa part. Sa grande sœur, qui s'applique à l'école entre deux exclusions, lui répète qu'il est un idiot qui ne sait que courir derrière un ballon. Les scouts de prestigieux clubs se déplacent le samedi pour assister à son festival. Sur le carré d'herbe au milieu du bitume, chacune de ses foulées contribuent à vous faire voyager jusqu'au Brésil. Il n'y a pas de tribunes, mais lorsqu'il marque, il célèbre vers le poteau de corner comme si les flashs l'attendaient. Parce qu'au fond, il n'est qu'un gamin qui joue.

En allant au collège, parfois, un « grand » vient lui dire qu'il est fort, qu'il doit continuer. « Si t'es super fort, il y a des caméras qui viendront ici, il y aura même des marques qui payeront des ballons. ». Kylian avait vraiment envie d'un nouveau ballon. Le dernier qu'il avait eu à son anniversaire, il l'avait perdu dans la confusion d'une descente de police. Il dribblait dans le city stade, il reçut un mauvais tacle, le coude et le menton écorchés quand le fourgon se gara, il déguerpit sans réfléchir. Son ballon resta sur le terrain. Peut-être la femme en bleu l'avait ramené pour son fils, peut-être était-ce un de ses copains qui l'avait pris. Il soupçonnait Amin. Sa mère lui disait que les arabes étaient des voleurs. Et Amin disait que les congolais n'étaient jamais à l'heure. Comme il était vrai que Kylian cumulait sept mots de retard sur le mois, il devait être fondé qu'Amin soit un voleur.

Il avait une source de motivation pour aujourd'hui : le cours d'histoire et celui de sport. Nous sommes mercredi, il ne travaille que le matin en plus. Il s'installe à sa place au milieu des tirs à la sarbacane artisanale, confectionnée avec un effaceur vide. Le cours est plutôt calme comparé à celui de mathématique où le professeur est un jeunot qui se fait marcher dessus. Le professeur d'Histoire-Géo a la quarantaine, est plutôt athlétique, et surtout il ne porte pas de lunettes. Celui de l'année dernière en avait, il a dû en changer trois fois de pair.

Le cours commence. Le silence est présent, accompagné de quelques vibreurs, et de légers chuchotement dans le fond de la classe. Les mystères de la Mésopotamie et du croissant fertile se dévoilent aux élèves. Ils ne s'en souviendront plus d'ici le second trimestre. Mis à part un ou deux, par hasard plus que par supériorité intellectuelle. En tout cas, c'est ce que dit le professeur. Il n'aime pas leur donner cours, et c'est pour ça que Kylian l'apprécie. Il ne les ménage sous aucun prétexte, les traite comme s'ils étaient adultes. Kylian ne comprend pas comment un tigre peut être une source d'eau, alors il pose la question. « Le Ti-Bre, Kylian, avec un B, c'est le nom d'un fleuve. Heureusement que tu cours vite, sinon je ne sais pas ce que l'on ferait de toi. ». La classe rit. Même ceux qui n'ont pas compris. Il referme son cahier, et décide de ne plus suivre. Il avait juste mal entendu.

En allant en cours de sport, il parle avec Maya qui lui dit qu'il ne doit pas réagir comme ça. « Le prof d'histoire est un bâtard, t'en occupes pas. Il a raison sur un point, t'es fort au foot. Plus tard tu seras riche, tu t'en fiches. ». Le professeur d'EPS, pour le dernier cours avant les vacances accepte de faire un foot. Amin a su faire preuve d'une persuasion remarquable. Puis, le prof en avait envie. Il est moins chiant de regarder les gamins jouer au foot, surtout lorsqu'il y a Kylian, que cadrer les mômes en les faisant courir en rond. Amin est désigné en chef d'équipe, il choisit son ami en premier. Suite à cela, le professeur intervient pour équilibrer les équipes. « Il ne serait pas juste qu'une équipe soit bien plus forte que l'autre sur le papier. ».

Kylian s'empare du ballon dès l'engagement, il part en ligne droite vers le but. Personne n'est en mesure de l'arrêter à cette vitesse. Il a beau ne pas avoir ses crampons, les changements de directions sont tous aussi impressionnant les uns que les autres. Après ce but éclair, nouvelle règle : trois passes dans le camp adverse avant de pouvoir tirer. Ce ne change pas grand-chose. Kylian compte jusqu'à trois, puis marque. Personne n'est en mesure de l'empêcher d'enfiler les ballons dans le filet. Sauf Ange, un mètre quatre-vingt à onze ans, qui dans un élan mal contrôlé fauche le champion. La semelle sur le genou a laissé entendre un « crac » à l'autre bout du terrain.

Les pompiers sont venus en moins de dix minutes. Kylian, au sol, pleurait. Le prof de sport n'osa pas toucher au genou, il ne pensait pas qu'une jambe puisse former un tel angle. Les autres élèves ont été tenus à l'écart, mis à part les amis proches de Kylian. Amin lui dit qu'il est courageux, qu'on s'occuperait bien de lui à l'hôpital. Les sapeurs le chargent dans le camion sans faire de diagnostic. Il est évident que ce n'est pas un hématome. Ils prévinrent sa mère, elle les rejoindrait à l'hôpital. Kylian se sentit un peu mieux dans le fourgon, il atteignait le seuil de la douleur où on ne la sent plus. Il comprit que sa vie venait de changer lorsque le médecin à l'hôpital se tira les cheveux en voyant son genou.

Sa mère accourut au milieu des urgences pédiatriques, et enserra son fils sur le brancard. Le chirurgien la prit à part. Il lui expliqua en chuchotant le déroulé de l'opération. « Mais que va-t-il devenir sans le foot ? ». Alors Kylian, sous l'endorphine des anesthésiant, répondit : « Moi. ».

La Solitude

Sentez-vous toute la place que vous avez dans le lit ? Sentez-vous le plaisir de faire ce qui vous plaît, sans dépendre d'autrui ? Sentez-vous ces journées interminables d'été où vous aimeriez être accompagnés ? Sentez-vous le creux dans le cœur lorsque nous n'avons personne à qui se confier ? On l'appelle solitude, et n'est ni notre ennemie, ni notre amie.

La dame liberté que nous poursuivons voyage seule. Il n'est pas concevable qu'elle puisse être accompagnée, il n'existe qu'une seule perfection, sinon ce n'est plus de la perfection. En ce sens chacun de nous est parfait, puisque nous sommes uniques. Nous ne pouvons pas devenir la liberté, rien ne sert de devenir solitaire pour lui ressembler. Elle le peut car elle est une divinité, et se suffit à elle-même. Ce n'est pas le cas de l'Homme. Il peut partir vivre en ermite, chasser par ses propres moyens, boire l'eau du ruisseau, la nature l'entourant sera sa compagnie. Nous sommes bien plus seuls fermés dans notre chambre, à faire défiler le fil d'actualité des réseaux sociaux qu'au milieu des oiseaux et des crapauds.

S'isoler du monde est tentant pour ne plus avoir à le subir. Céder à cette pression, ce n'est toujours pas être libre. De toute façon l'Homme est un solitaire qui vit en meute, alors n'allez pas chercher ailleurs ce qui est devant vous. Il n'y a pas besoin d'une retraite spirituelle pour se sentir seul. Mettez vos écouteurs, marchez dans une rue bondée, vous verrez, personne ne vous prête attention, vous êtes entourés, et vous êtes seuls. Si l'Homme est un animal social ce n'est que pour supporter sa solitude.

J'accorde une part de liberté dans le fait d'avancer sans les autres dans son existence. La socialisation est la cause de nombre d'écorchure. Valent-elles les bienfaits que cela nous apporte ? Il arrive que nos attaches soient des poids à tirer, alors nous nous en éloignons pour vivre mieux, pour être plus libre. Seuls, nous sommes davantage libres, il est difficile de le nier. Nos choix sont pris selon notre propre être, des contraintes disparaissent, nos envies peuvent s'exprimer sans barrière. Je peux me faire un tatouage sans recevoir des critiques, je peux devenir lesbienne sans prendre le risque de perdre ma famille, je peux n'avoir aucun projet, sans que ce soit stigmatisé. À court terme la solitude est bénéfique à notre psychisme. Il apprend qu'il n'est pas dépendant d'autrui, qu'il est capable de beaucoup de choses dont il ne se soupçonnait pas. Les difficultés ne disparaissent nullement, elles sont là, et nous sommes dénués d'aide pour les surmonter, cela nous enseigne à nous débrouiller par nous-même. L'exemple facile est celui des étudiants qui apprennent à cuisiner, à gérer un budget, à faire les courses, à s'occuper d'un évier bouché dans leur premier studio de vingt mètres carré. En vivant chez papa-maman, l'autonomie n'est jamais atteinte. Ils savent faire ces tâches, sur la théorie, dans la pratique le fait qu'il y ait un soutien parental, ou fraternel, dédouane, donne l'autorisation d'échouer. Quelqu'un sera là au cas où. Il n'y a que seul que l'on peut s'affranchir.

Néanmoins, j'ai tendance à voir cela comme une étape et non comme une finalité. Ce peut l'être, en suivant ce dicton qui nous console dans les chagrins d'amour « Vaut mieux être seul que mal accompagné. ». Si l'autre nous est un mal, nous est entravant, alors oui il y a une nécessité de récupérer sa solitude. Nous ne pouvons posséder les personnes qui nous entourent, alors que nous-même nous appartient. S'approprier soi est moins évident pourtant que d'exercer une propriété sur autrui. L'autre, je le vois, je lui donne des sentiments, de l'argent, de l'attention, du sexe, et avec un esprit à peine malsain, je peux en faire ce que j'en veux. Notre âme est plus maligne, et moins sujette aux artifices. Être seul permet de s'affronter, il y a des luttes où nous avons besoin d'aide, il faut savoir le reconnaître, mais si nous ne remportons aucune victoire par nous-même, qui sommes-nous ? Ces batailles ont pour but de nous ramener vers les autres par la suite. Après une déception, nous avons besoin de temps avant d'accorder à nouveau notre confiance. Normal. Ce besoin de temps est une expression. Nous n'avons pas besoin de temps. Nous avons besoin de solitude afin de reconquérir notre douleur, de remettre l'autre à distance, de se réapproprier.

L'effet pervers de la solitude est qu'on peut rester enfermé dedans. Nous avons toujours un pied dans notre conscience et un dans l'essence. À trop basculer dans le sensible, nous nous oublions, nous nous en rendons dépendant. À trop se recroqueviller dans notre cerveau, nous ne parvenons plus à imposer notre liberté au monde qui nous entoure, dès lors nous sommes bloqués. Ce n'est qu'un piège à éviter. La nuance à faire sans doute est celle entre solitude et isolement.

Nous pouvons nous sentir très seuls mais pas isolés ou coupés du monde. Dans le cas d'un exil de la société, cela est comme d'être envoyé au trou. Nous mangeons, nous buvons, nous faisons nos besoins, nous dormons, mais nous n'avons plus de lien avec le réel. Nous subissons une sanction, et nous ne pouvons être libres en subissant. Cet isolement n'est pas naturel à l'Homme qui vit de fait en société. Aristote encore et toujours.

En revanche, je reviens sur ce que j'ai dit plus haut : la solitude est une fin. Suffisez-vous et tout vous suffira. Se sentir seul à un mariage n'est pas un triste constat sur une vie amoureuse chaotique, c'est sain. Plus il y a du monde, plus on se compare, plus on se sent seul. Préservez votre solitude. Elle vous permet de vous tenir à l'écart de passions sans passions, de rire là où tous pleurent, de broyer du noir où tous n'y voient que du blanc.

La solitude est la condition première à la liberté. Il est impossible d'outrepasser nos liens avec les autres. Cette phrase de l'évangile « Les chrétiens font partie du monde mais ne sont pas du monde. » illustre ce que je préconise à l'Homme. Nous vivons sur cette Terre, dans cette société, avec ses règles, mais l'Homme est plus grand que ça. Il peut détruire trop facilement ce monde pour en être à l'origine. Je ne reviens pas sur la vérité scientifique, il est absurde de croire que nous viendrons d'extraterrestre. Ce propos veut exprimer que la mission de l'Homme est au-dessus de l'Homme. Nous sommes tous chacun. On ne peut se contenter d'interactions sociales. Au contraire, elles ne peuvent que trop nous décevoir. Soyons seuls, et libérons-nous de toutes ces cordes nouées à des pieux plantés dans le ciment.

Il y a cette solitude croissante que l'on nomme célibat. Je suis un amoureux de l'amour alors il me vaudrait mieux de défendre l'union sacré. Le célibat est plus naturel, est plus libre que le couple. Je ne parle pas d'amour attention. L'amour nous lui avons réglé son compte. Le couple, cette entité qui doit se composer de deux personnes abandonnant une part de liberté.

Bannissons-le. Nous trouvons les noces d'or parce que cela démontre de la résistance d'être restés enfermés aussi longtemps volontairement. Il me semble que le couple est de moins en moins pertinent. Le couple tenait tant que la femme était obligée de se marier et que les hommes avaient le droit d'être infidèles. Nous avons le droit, l'injonction, le plaisir, d'aimer. Pourquoi amoindrir ce sentiment en voulant le canaliser dans une entité ? D'ailleurs ceux qui cherchent des relations de ce type se mentent souvent. Ils ne veulent pas l'amour. Ils n'ont pas besoin de couple pour l'amour. Ils ont envie soit de sexe régulier gratuit, soit d'être seuls à deux. Peu importe le remède, nous existons seuls, et pour accomplir notre liberté. On se rattache à un autre, à notre moitié, avec l'espoir d'être compris par au moins une personne. Cela ne se produira pas. Pas toute une vie. Nous le savons, on se ment, mais nous le savons. Sortir avec notre contraire créera des failles de compréhension, sortir avec son double fera qu'à deux on ne se comprendra pas mieux nous-même. Vous serez déçu. Vous aurez des enfants, une belle maison, un bonheur à vous retrouver, à partager de bons moments. Un couple est une histoire d'amitié romancée.

Dans la solitude vous ne trouverez rien de satisfaisant, mis à part la possibilité de vous appartenir. Et encore. Peut-on considérer que notre quête de liberté serait une quête de possessivité sur nous-même ? Peut-être que même nous, nous ne devons pas nous posséder. Soyez sûr que ce vous échouez à obtenir seul, vous ne l'aurez pas mieux à deux. « Quand j'ai rencontré cette fille, j'ai passé mon permis, j'ai repris mes études, et maintenant nous avons un appartement dans le treizième. ». Cela cet homme l'avait fait seul. La fille n'était que la carotte qui le faisait avancer. Il ne manquait pas de force, pas de ressources, il manquait de carotte. C'est pitoyable que de se vanter d'avoir réussi par autrui.

Si vos victoires ne vous appartiennent, elles n'ont aucune valeur. Restez seul. Vous serez le plus libre de tous. Pas le plus heureux. Le plus libre.

Les Autres

« L'enfer c'est les autres », Jean-Paul Sartre. Fin du chapitre.

Il n'y a presque rien à rajouter tant cet aphorisme est exact. Nous apprenons des autres, ils sont un biais pour nous voir sous un autre jour. Je peux concéder cela. Pas davantage. Nous ne souffririons pas de la solitude si les autres n'existaient pas, nous ne connaîtrions pas l'amour, nous pourrions nous suffire sans réfléchir à autre chose. Les autres ne sont pas le mal incarné, ils n'y sont pas pour grand-chose à vrai dire. Certains nous nuisent sciemment, certes, mais est-ce ceux-là qui nous font le plus de mal ? Si comme le philosophe j'ai une forme d'aversion pour les autres, je ne suis pas si catégorique. Peut-on reprocher à l'autre notre souffrance et s'attribuer notre bonheur ? N'est-ce pas une façon injuste de résoudre l'équation ? J'ai l'impression que c'est une façon de penser trop française pour qu'elle soit philosophie. Alors je ne remets pas en cause l'agrégation de philosophie de Sartre, ce n'est pas faisable par un simple mortel, et je doute que les immortels de l'académie française s'y mouilleraient, quoique. Il est certain que le royaume d'Hadès appartient à autrui, mais cela parce que la vie c'est les autres.

Sans un autre, un autre visage, un autre con à insulter, un autre inconnu à découvrir, que reste-t-il de la vie ? Pas grand-chose. Oui la vie est un enfer en soi pour Sartre aussi, donc cela convient à sa vision dépressive. Pas fausse, juste déprimante.

Si nous sommes le plus souvent seul dans notre vie, c'est que le temps avec autrui n'a pas la même mesure. Tout de suite voir quelqu'un, aller à un anniversaire, se rendre au marché, paraît remplir notre journée. L'interaction sociale est obligatoire à l'Homme, et semble être de plus en plus un effort. Le rapport à l'autre a évolué ces dernières années avec les nouvelles technologies. Dans la dernière décennie, l'émergence des réseaux sociaux a renversé nos comportements humains. Il est devenu plus poli d'aller draguer sur une application que dans la rue.

D'un côté j'entends ceux qui glorifient ces inventions, explicitant qu'elles permettent de nous connecter à des milliers d'utilisateurs. Certes. Mais quel est la valeur de ces rapports ? Sont-ils plus superficiels que ceux avec du contact ? Ce n'est pas sûr. Le physique sert de plus en plus à confirmer les impressions technologiques. Nous allons à ce rendez-vous alors que nous savons si la personne nous plaît ou non, nous nous rendons dans un bar plutôt que chez elle juste pour vérifier la conformité de sa photo de profil. Cela est assez triste, je trouve, mais je ne peux basculer du côté des vieux cons qui bannissent ces inventions. Je suis né en 1999, je n'ai connu que les réseaux sociaux, et je ne connaitrais que ça. Les autres me suivent toujours dans ma poche.

L'individu est à l'apogée de sa singularité, nous pouvons être presque ce que l'on veut. Il n'existe presque plus de normes sociales. Et ce grâce en grande partie aux réseaux sociaux. Nous pouvons trouver des gens qui partagent nos passions n'importe où, alors nous nous sentons plus libre de nous exprimer. Sur ce point, nos rapports exacerbés à la société permettent de davantage nous ressembler. On peut entendre au détour d'une université un étudiant raconter : « Je suis socialement de gauche, économiquement de droite. ». C'est génial. L'Homme est antinomique, il n'a pas grande cohérence, c'est une chance qu'on puisse l'accepter aujourd'hui. Cette liberté a été permise par le biais de notre rapport aux autres.

Toutefois, nous ne pouvons point occulter la face B du disque. Ce rapport constant et surexposant aux autres attirent davantage de brutalité. Les réseaux sociaux sont un prolongement de nos existences, ils aident à faire du bien, ils contribuent à faire du mal. Les cas de cyber harcèlement poussant au suicide une enfant de treize ans sont trop courants. Le harcèlement scolaire existe-t-il sans smartphone ? Oui. Alors est-ce la faute de ces inventions ? Non. Un réseau social est un outil de communication, il ne remplacera pas l'éducation. Est-ce que nous apportons un plus grand soin à notre image ? Oui. Est-ce la faute de ces inventions ? Non. Nous sommes des narcissiques par essence, et la télévision, les anges Victoria Secret, le culturisme, la discrimination physique à l'embauche, suffisaient amplement. Il faut reconnaître que cela a accentué le processus, mais je ne pense pas que nos comportements se soient transformés à cause d'eux. C'est plutôt révélateur de qui nous étions, que nous créions les réseaux sociaux.

Sublime paradoxe que d'être le plus entouré lorsque nous sommes seuls derrière un écran. Ce mécanisme n'est pas neuf. C'est le même schéma que nous décrivions au chapitre précédent : nous nous ressentons seuls quand nous sommes au milieu de la foule. L'autre n'est pas plus tyrannique aujourd'hui qu'hier. L'autre est un bourreau par essence, cette époque nouvelle nous expose davantage en nous donnant la possibilité de la maîtriser. Nous sommes tant dans la maîtrise que ma génération, celle née dans les années quatre-vingt-dix, est celle qui a le plus de mal à faire confiance et à s'engager. Les déceptions par rapport à autrui nous n'avons pas besoin d'attendre de sombres ragots familiaux pour les découvrir, elles se présentent bien avant. Nous sommes protégés des guerres, nous sommes exposés à l'humanité. Internet est une porte vers la liberté, peut-être est-il dangereux d'être libre trop jeune. L'autre est une projection de ce que nous voulons de lui. Et comme un premier roman est un roman de jeunesse pavé de fautes, nos premières bobines sont désordonnées, et mal raccordées. Sauf qu'un livre nous pouvons le garder pour nous, le retoucher, le rectifier, le reprendre. Un film n'existe qu'une fois projeté, et il est trop tard pour refaire jouer des scènes aux acteurs. Dès lors la critique n'est pas clémente, elle dépièce les scènes sans se soucier que ce soit une œuvre de jeunesse. Pouvons-nous être libres si tous nos actes sont soumis à un jugement ? L'autre est ce tribunal populaire qui édicte des sentences qui peuvent ne pas correspondre à qui nous sommes. Vous serez accusés à tort, on vous portera l'œil sur des suspicions, il y aura des machinations pour vous mettre derrière les barreaux, et les pires sont les magistrats qui vous flatteront. Il faudrait choisir ses amis en imaginant qu'ils soient nos meilleurs avocats. Seul devant un tribunal, un commis d'office, ne fera pas reluire votre cause.

Il n'y a sans doute pas de liberté avec les autres. Il n'y a sans doute pas de liberté sans eux. Sans vous je n'écrirais pas ce livre. Pire, sans mes ancêtres je n'écrirais pas, je ne saurais pas ce qu'est un caractère. Tout ce que nous savons, nous l'avons su par l'émulation des esprits et la nécessité de comprendre. Que comprendre dans le vide ? Ce serait une façon d'aborder notre problème à l'envers : il suffirait de tout éliminer pour recouvrer sa liberté. La liberté serait une salle blanche cubique. Encore que la forme cubique pourrait nous rappeler un rubik's cube. Recherchons-nous la liberté ou recherchons-nous à s'enfuir de geôles ?

Se moquer du regard des autres est l'axiome auquel on se soumet. Cette philosophie nous épargne de souffrir inutilement, et rend le poids sur nos épaules plus léger. Mais comment se foutre d'un « je t'aime mais tu es toxique pour moi » ? Comment se foutre d'un « Viens me voir, je me sens mal. ». Comment se foutre d'un « Mamie est malade, et tu n'es même pas là ! ». Comment peut-on ignorer ces missives ? Nous mentons si l'on dit que rien ne nous atteint. Je ne peux me moquer du décès futur de ma grand-mère. Elle partira là où elle devra partir, je le sais. Je serai content pour elle. Toute mon abnégation à préférer son bonheur au mien n'essuiera pas mes larmes à son enterrement. Alors oui, je pourrais ne pas être confronté à cela si les autres n'existaient pas, si je savais être un ours sans affect. Nos douleurs proviennent toujours des autres, mais elles sont produites en nous. L'autre n'est pas responsable de son écho dans le creux de notre âme.

L'autre est-il vraiment l'autre ? Est-il vraiment une entité différente de nous ? Le hasard nous dépose des rencontres sur notre chemin. Mais à quel moment étions-nous obligés de nous lier d'amitié avec cette personne ? Les autres sont une proposition que nous acceptons ou rejetons. Il n'y a pas d'obligation avec les autres, les seules obligations que nous créons sont celles que nous modelons.

Il commence à ressortir de ce manuscrit que nous sommes soumis à nombre de causes extérieures qui se résolvent en nous. Et la dame Liberté n'est pas étrangère à cela. Être libre convient d'être libre de briser son cœur de pierre contre une tombe. Elle peut même s'offrir toute entière à des pulsions destructrices, frôlant avec la perte de son identité.

Le point de départ de notre réflexion doit être le suivant : à partir de quand sommes-nous addicts à une substance ? Est-ce avec l'apparition du manque ? Il me semble que c'est avant. Le manque n'est que la transcription du moment où nous en sommes esclave, puis le manque est un phénomène hormonal, qui du corps ou de l'esprit se soumet le plus vite ? Un corps aura l'instinct de survie pour se réveiller, alors que notre volonté a la force de nous tuer. Le suicide est le propre de l'Homme. Le suicide animal existe, notamment chez les fourmis camponotus qui vont se donner la mort afin que leur dépouille éjecte des substances nocives aux prédateurs de la fourmilière. Ce genre de mort ressemble plus à un sacrifice qu'à un suicide. L'Homme, lui, est capable de mettre fin à ses jours pour ne défendre que sa propre souffrance. Dès lors, nous pouvons poser que la volonté de l'addiction ou du suicide, aussi autodestructrice soient-elles, sont des volontés, ce ne sont pas des égarements. Oui, L'Homme est plus faible que l'Homme par moment. Sans s'en rendre compte, il plonge dans des abysses où l'unique lumière clignotante est celle d'une lamproie qui veut le dévorer. Notre volonté exécute, elle ne raisonne nullement. Nous pouvons avoir une volonté éduquée, qui sait se fléchir, se retourner, il en va de ça d'être une personne équilibrée. Combien existe-t-il de personnes équilibrées ? Aucune selon Freud, puisque nous sommes tous des névrosés. Il n'a pas tort. Nous ne guérirons jamais de cette gangrène nommée volonté. Un addict à la cocaïne n'est pas addict parce qu'il se gratte les veines au bout de douze heures, il est addict au moment où il ne veut plus que ça.

Les addictions se faufilent dans les frustrations de nos quotidiens. Les jeunes Gatsby s'ennuient à mourir, et les descendants de Gavroche meurent d'ennui. Nous pouvons tous être accrocs. Nous vivons sous narcotiques. Heureusement, la plupart ne se voit pas sur le grain de notre peau passé quarante ans.

Il y a trop de drogues. Il s'agit davantage de choisir son héroïne que de lutter pour ne pas se piquer. Qu'ils sont drôles ces diseurs de bonnes consciences à bannir le cannabis, mais qui ne sauraient se passer de leur fric. Une fois est trop coutume dans ce livre, je vais me prendre en exemple. En bon romantique du XIXème siècle, je suis accroc à l'amour et à l'exubérance. Rien d'autre. Je litronerai les bouteilles de la cave familiale, ce ne serait pas pour l'ivresse, ce serait pour le flacon. Je pleure devant un message de rupture que j'ai moi-même écrit, et je me réjouis de pouvoir en écrire à nouveau. Ce sont des destructions simples, dont je pourrais me libérer. Je ne veux pas. Comme celui qui dépasse les cent trente kilos, et continue de chaparder les placards de cuisine. Si nous nous jugions, nous ne nous supporterions plus. Nous sommes tous des drogués. Même les plus stéréotypés des junkee, qui ont besoin de leur dose de bonheur, savent qu'ils ont besoin de sentir le manque pour vivre un peu. Les accrocs à la tristesse, il y en a, au moins à mi-temps, se servent des bouts de satisfaction pour sauter de plus haut.

L'addiction, il y a deux moyens de s'en débarrasser : en changer pour une autre, ou noyer la nôtre. Nous pouvons effriter cette feuille chargée en THC par petit grammage. Certains ont pour addiction l'inaction. Ils font si bien rien, qu'ils y vouent un culte. En France, nous trouvons beaucoup de ces spécimens dans l'administration. Je vais me taire, il y a une amende que je dois recevoir depuis deux mois.

Les addictions, personne n'est apte à s'en débarrasser. Les anciens alcooliques, en majorité, avouent ne plus pouvoir toucher une goutte d'alcool. Soit parce que cela les dégoute, soit parce qu'ils savent qu'ils retomberaient dedans. Nous n'avons pas la liberté de nos addictions. Le mystère qui fait qu'une femme inhale de la cocaïne dans les toilettes, et qu'une autre reste amoureuse d'un mari la battant, n'est pas résoluble. L'addiction nous emmène dans des limbes que les démons n'auraient osées façonner. Normal, l'Homme est supérieur au Malin et à Dieu. Il ne sera jamais l'un des deux, il est les deux à la fois.

Toutes ces passions excessives n'ont pas des logos à l'arrière de la bouteille pour prévenir que c'est dangereux. Qui gâcherait le plaisir d'un gagnant à un jeu à gratter ? Il vient de tirer le gros lot. À la limite le buraliste se dit soulagé que ce fou ait enfin gagné. Le lundi matin après avoir encaissé son chèque de la FDJ, il sera à neuf heure au lieu de huit devant l'enseigne maison de la presse. Tout l'argent du monde, but de ces jeux pourtant, n'étanchera son addiction. Il aura la chance de la pratiquer sans subir le regard méprisant « Ah super, ça touche le RSA, et ça va traîner au tabac toute la journée. Elle est belle la France des aides sociales. ».

Sommes-nous possédés par ce qui nous obsède ? Fondamentalement oui. Ce n'est pas si grave. La littérature m'est inévitable. Et comme un alcoolique ouvre sa bouteille lorsqu'il n'a plus d'espoir, j'ouvre l'application de prise de note de mon téléphone. Il serait amusant de comparer les litres d'encre que je consomme chaque jour, avec ceux de whisky englouti par le poivrot au coin de ma rue. Nous sommes pareils : des Hommes. L'addiction n'est jamais rien d'autre qu'un couloir entre le monde extérieur et nous. Un couloir de la mort aussi. Nous l'arpentons sans allumer la lumière, nous la connaissons par cœur cette contre-allée. Elle ne peut nous surprendre, elle peut nous suspendre à une corde. Nous ne saurons plus éviter notre reflet déphasé dans le miroir de la salle de bain. Nous la connaissons, elle nous connait. Vous venez de saigner sans aucune plaie parce que vous vous battez pour les autres ? Vous leur reprochez, puis vous recommencez, car il est impensable pour vous de faire autrement. Vous vous nourrissez de leur gratitude, vous êtes un monstre qui demande de la reconnaissance, et vous gémissez lorsqu'on vous la retire. Vous êtes un addict quand vous pouvez répéter mille fois la même erreur parce qu'elle vous soulage. Dans un monde de douleur, quoi de plus normal que de surfer sur celles qui font fondre nos chaînes. N'en doutez pas, nous avons tous une addiction. Spinoza nous a menti avec sa philosophie de la passion. Nous n'avons que des addictions, et vous n'en guérirez jamais. Prenez-les, acceptez-les, et reniez, pour votre bien, de connaître leur origine. Il est plus probable que vous vous écorchiez en vain que vous ne vous libériez. L'origine des temps est le big bang, voilà notre seule origine. Si nous perpétuons à découvrir la cause première de nos addictions, nous ne vivrons jamais. Attardez-vous davantage sur là où elles peuvent vous mener, plutôt que là d'où elles viennent. Ayez conscience qu'un joint avant de dormir peut vous être bénéfique, peut vous aider à vous assoupir, peut délier votre esprit. Copiez les toxicomanes avec vingt par jour, fera de vous un misérable légume. J'ai bu un verre d'alcool avant d'écrire ce passage, afin de me rappeler un homme qui s'est bousillé à en prendre vingt par jour. Je sais qu'écrire toute une vie peut m'emmener à devoir manger des pissenlits par la racine, tout comme cela peut me rapprocher des petits fours. Mon addiction est le courant du fleuve, moi je suis le gouvernail. Le premier est la force de la nature, celle que l'on ne peut contester, qu'il ne faut pas dompter. Le second est l'outil qui peut transformer une énergie diffuse et dévastatrice en la puissance de marche d'un navire. Rien ne sert de se combattre, les plus grands ont essayé, ils n'y sont parvenus. Casanova restera Casanova, Villon restera Villon, Médée restera Médée. Comptez les tours d'horloge avant que ce vous nommez démons ne reviennent. Vous aurez la durée maximale où vous pouvez être un mort-vivant. Suite à cela, vous redeviendrez vous-même, ou partirez en dépression.

Peut-on imaginer des addictions qui aient du bon ? La générosité pourrait en être une. Si le fait de donner ne procurait aucun plaisir. Il est moins hypocrite d'avoir un plaisir qui s'exerce sur soi que par les autres. Vous entraînez moins d'innocent dans votre chute, vous décevez moins de gens. L'alcoolique détruira sa famille en inondant son foie, certes, mais quel danger est un alcoolique solitaire dans son canapé ? À l'inverse, n'est-il pas moins nocif qu'une politique accroc aux applaudissements ? Si vos addictions vous sont irrémédiables, celles des autres peuvent venir vous pourrir. Il est plus souvent ainsi d'ailleurs. Celui qui gaspille son salaire en casino, choisit de manger des pâtes du vingt au trente du mois, qu'en est-il de ses enfants ? Nos addictions ont des répercussions sur ceux qui nous entourent. Et bizarrement, en leur faisant subir notre déviance personnelle, nous nous minons. Il se peut que ce soit cela qui vous donne la force de mieux la manier, il se peut que ce soit cela qui vous pousse à continuer de le faire. L'addiction est un fait des plus personnels, il n'y a rien à attribuer à autrui. Vous ne buvez pas parce que votre vie a été laborieuse, combien d'autres que vous ne boivent pas avec un vécu similaire ? Tant qu'il y a un contre-exemple, la règle ne peut être édictée. Si vous buvez, faites en sorte que votre désinhibition vous serve à quelque chose. Il n'y a aucun démon qui n'existe sans avoir un ange en alter égo. Il faut pour l'humain traverser le royaume de son succube avant de pouvoir devenir un ange. Si nous naissions anges, nous serions tous un Satan en puissance.

Nouvelle urbaine II

La boîte de nuit était crade de jour. Surtout en ce petit matin de onze heures. Le barman et le DJ n'avaient pas eu la force de virer Kylian. Il avait dormi sur la banquette rouge des VIP. Ce n'était pas une nouveauté. Ils avaient l'habitude. Une fois, ils lui ont même laissé les clefs de la discothèque. C'était un vendredi, ils étaient assuré qu'il reviendrait le samedi soir au pire des cas. Kylian changeait rarement de club. Sauf si une fille qui lui plaisait lui demandait. Il n'était pas très doué avec, alors quand une occasion se présentait, il n'hésitait pas longtemps. La plupart du temps, par peur de se prendre un râteau, il se contentait de danser et boire. Le barman avait fini par lui faire un compte qu'il réglait à la fin du week-end. Le week-end commençait aux alentours du mercredi. Le mardi, il ne connaissait qu'une boîte LGBT d'ouverte où l'on s'amusait bien, mais qui faisait trop bling-bling à son goût.

Le reste de la semaine, qui avait la durée d'un week-end, Kylian était étudiant. On ne savait pas trop en quoi. En fonction du soir, il pouvait être en école de commerce ou en licence d'Art. Lui-même ne devait plus savoir ce qu'il faisait, à force de participer à toutes les soirées d'intégration des BDE.

Le barman s'était noué d'amitié avec lui lors d'une soirée célibataire. Kylian ne décollait pas du bar, il enchaînait les shots de vodka-grenadine, en maugréant que c'était la pire soirée de l'année. D'habitude, les hommes ne sortent pas en boîte pour danser. Pour le barman, la boîte de nuit assurait cette fonction vitale de réunion pour la reproduction, comme les paroisses arrangeaient les mariages dans le temps. Kylian, vraiment, s'en contrefichait. Ils finirent à neuf heures du matin en vidant les verres traînant dans la boîte. Et l'une des pires soirées devint l'une des meilleurs.

Kylian venait seul. Sauf exception qu'un cousin à lui soit en ville, ou une vieille connaissance du lycée. Mis à part cet endroit, nous ne le voyons exister nulle part d'autre. Le barman savait qu'avec les sommes qu'il dépensait, bien qu'il ne le fasse point avec arrogance, il devait vivre au crochet de ses parents. En tout cas, il le subodorait puisqu'il n'avait jamais vu ce fantôme en dehors de la boîte. On aurait dit qu'il était un vampire qui retournait dans sa tombe au lever du jour. Il semblait tant sans vie avant de prendre sa dose de décibels, le videur ne le reconnaissait pas à coup sûr. Kylian, par principe, faisait encore la queue avec les inconnus, alors qu'il pourrait s'avancer d'office. Une sorte de maniaquerie. Il avait confié au barman qu'il faisait ça pour ne pas ressentir de pression. Il ne voulait pas se faire remarquer.

Une nuit vers les vingt-trois heures, alors que la plupart était encore avachie dans les canapés à siroter leurs verres, une fille est entrée sur la piste de danse. Kylian, qui avait mangé avec le staff technique, s'écroula à sa vue. Il avait comme rencontré un ange. Si une fille venait le draguer, il rentrait dans son jeu, sinon il ne faisait jamais l'effort de se lancer dans des conquêtes. Le barman le charia un peu en lui disant qu'il avait changé le grand fêtard insensible. Elle revint le lendemain, et le surlendemain. Kylian lui avait mis le grappin dessus, il ne la lâcherait pas. « Tu sais, méfie-toi Kylian, tu vas tomber amoureux et tu auras des gosses comme moi. ». Il sourit. Il ne répondit rien. Le barman était content qu'il se soit trouvé un brin d'amour, cela l'égayera un peu.

Les week-ends s'enchaînèrent, et Kylian refaisait une distinction entre le mercredi et le samedi, il venait moins souvent. Quand il était là, il était le même qu'avant, ne partant pas tant qu'il n'était pas le dernier dans la boîte. Cette fille l'accompagnait une fois sur deux. Elle était en école de commerce. À elle, qu'avait-il put lui inventer comme étude ? S'était-il mouillé à lui raconter la vérité ? Le barman n'en savait rien, Kylian restait secret. Il comprit, que cette relation n'irait pas loin lorsque cette fille, Helena, lui avait demandé ce qu'il savait de son amant. Il ne voulait pas ruiner une belle histoire à son ami, il se débina derrière cette phrase : « Je sais que tu ne sais rien, et ce n'est pas si mal, profite et ne te pose pas de questions. Kylian ne saura pas te faire du mal, il n'aime que la joie, et n'est pas attiré par les coups d'un soir. ».

Les mois passèrent, Kylian disparut de la piste de danse. Le barman regrettait son ami, mais n'osait lui envoyer un message, il devait être bien mieux dans les bras de sa dulcinée. Il n'est pas le premier habitué qui se déshabitue. Il n'est pas le dernier que des habits tuent. Par curiosité, le barman aurait voulu savoir ce que faisait Kylian tout de même. Il n'était pas bête à première vue, au contraire, dans les discussions de l'aurore, il se révélait être un sacré orateur. Peut-être que ce superpouvoir était dû à l'alcool seulement.

Un second mois s'écoula sans que Kylian ne redonne signe de vie. Le fait d'être en couple avait dû le recadrer dans sa vie, lui faire reprendre en main ses études. Une bonne chose, estima le barman, c'était un bon gamin dans le fond. Et, un jeudi, soirée estudiantine organisée par la faculté de droit-gestion, Kylian réapparut. Personne à son bras. Il salua à peine le barman, comme si son visage s'était effacé et s'enquilla, on ne put dire autrement, des pastis à l'eau. Une fois son haleine devenue une concentration d'anis, il s'ouvrit au barman : « Je n'en peux plus de vivre comme tout le monde. ». Il dansa sur le bar, sur les tables, tout le monde l'avait repéré et l'applaudissait car il faisait rire le peuple. Il finit aux toilettes avec une fille. Attitude intolérable, si les videurs s'en rendaient compte. On le laissa faire, alors qu'il ne s'en cacha nullement. Le retour de l'enfant roi. Il ne put s'agiter jusqu'à l'aube, il vomit avant, et s'endormit dans le fond de la boîte. Le barman, les lumières rallumées et le son coupé, le recouvrit de son plaid habituel.

Au lendemain matin, vers treize heures, il essaya de percer le mystère de ce jeune homme qui se détruisait. « Kylian, qu'est-ce qu'il se passe dans ta tête ? Il y a eu quelque chose avec cette fille ? ». Comatant sur le sofa, il se replia dans le plaid en position fœtale. « Je fais un doctorat en mathématique, elle veut faire de l'audit dans de grandes entreprises, nous allons mourir de façon si ennuyante. ». Kylian mourrait avant d'avoir vécu. Ce n'est pas si rare chez les jeunes hommes. Le barman le crut cette fois sur ses études. Il tenta de le convaincre que c'était une belle perspective, que son avenir semblait radieux. « Non, je n'aime pas la lumière, elle me fait peur. ». Était-ce une raison pour sombrer ? Il finit un verre plein qui restait sur la table. Nous aurions voulu dénicher ces mots qui peuvent changer une personne. Kylian ne pouvait les entendre autant qu'il était impossible que nous les lui prononcions. Il repartit.

Il revint le soir.

Il repartit.

Il revint encore.

Jamais il ne s'en alla.

Ce bourru ne dormait plus que dans la boîte de nuit. Le patron ne disait rien, il n'était pas assez là pour s'en rendre compte, et l'équipe compatissait. Le barman, qui avait le double de son âge, commença à entretenir un lien filial avec lui. Il se livra sur des impressions, en trois semaines il en apprit plus qu'en presque deux ans. Ces banquettes rouges du coin VIP en ont connu des chagrins. Il y eut des hommes mariés désunis, des femmes prises pour des objets, des enfants qui n'avaient rien à faire là, et maintenant Kylian. Il était celui qui méritait son malheur, il ne faisait rien pour s'en sortir. Sa passion des chiffres le poussait à rationnaliser tout. Au calcul, une relation amoureuse était un jeu à gratter à probabilité négative. Il ne pouvait jouer pour perdre. Mais que serait l'amour si nous ne pouvions perdre ? Une garantie, un dû. Il n'y aurait plus la chance d'être amoureux. Kylian ne percevait le monde que par les nombres. S'il venait se défoncer dans un cube rempli de noir, ce n'était pas pour oublier, son quotient intellectuel supérieur ne lui permettait pas, c'était pour se souvenir. Se souvenir que tout ne vaut rien, et que la seule équation qu'il soutenait était : $0 = 0$.

Cette fille, qui avait commencé à le changer, repassa par la boîte de nuit. Un jeudi soir. Elle était… le barman ne savait pas comment elle était. Il crut qu'elle était une déesse dont on ne pouvait que détourner les yeux en voyant son reflet dans ceux de Kylian. Il était tôt. Vingt-trois heures encore. Il ne put éviter qu'elle vienne le saluer. Les femmes aiment plus souvent que les hommes, les hommes aiment plus intensément. C'est pourquoi, lorsqu'elle tendit sa joue pour lui faire la bise, Kylian s'effondra. Il ne versa ni une larme, ni une parole, ni un geste. Elle le regrettait, mais à son âge, qu'est-ce les regrets ? Une peine affreuse que l'on aura la chance de guérir avec un autre. Le barman savait qu'à vingt ans et quelque que notre âme est plus déformable, et parce qu'elle est plus meuble, il est plus facile de la reconstruire.

Kylian aurait voulu la retenir, pourtant il l'a laissée partir. Sa passion était d'être un phare dans le noir, et il n'y avait rien à éclairer dans sa vie, ou dans celle d'une autre. Il portait sur les épaules le poids de ceux qui vivent pour briller, pas pour allumer le feu de cheminée d'un foyer.

Le Vide

Bruit et Silence

Nous sommes toujours pris dans cette dichotomie. Si l'un est absent, c'est que l'autre est là. Ce thème est une liberté artistique, je préviens. Je connais assez peu le silence. J'écoute trop de musique, et vis dans une maison sans cesse en ébullition. J'accorde une place au mutisme petit à petit. Mon silence me permet de comprendre les bruits des autres. Au lieu de batailler à celui qui crie le plus fort, se taire est un moyen extrêmement pratique pour recouvrer sa liberté. Le silence est le zéro absolu. Nous nous complaisons à devenir plus, à ajouter des lignes à lire sur nos C.V, à pouvoir raconter de nouvelles histoires, alors qu'il y a le silence. Le silence qui nous porte la nuit sous une couette, n'est-il pas un agréable gardien ?

Le bruit est ce qui nous permet de faire prévaloir ce que nous sommes. Il n'y aurait pas eu de manifestation dans le bruit. Ce n'est pas envisageable, ce serait trop mondain sans doute, ce serait vain. Le silence, il suffit d'un souffle pour l'interrompre. Il est à noter que les minutes de silence sont remplacées par des minutes d'applaudissement dorénavant dans les stades. La faute aux abrutis qui ne pouvaient se retenir d'hurler au bout de quarante-trois secondes. Trente mille personnes qui se taisent, au même moment, c'est pourtant un acte qui fait du bruit.

Le bruit est l'expression de notre liberté, le silence est notre liberté. Dans le mutisme, vous vous épargnez de répondre à bien des idioties, et vous vous mettez à l'écoute d'un monde qui ne s'entend plus. Dans le monde actuel, le bruit est partout, le son se propage en continu à la télévision, sur nos téléphones, dans les rues des villes. Le silence est devenu une denrée rare. Il y aura toujours des paroles qui s'ébruiteront dans votre esprit, ces ondes sont celles du silence. On ne s'entend plus penser depuis l'installation des enceintes dans les villes, les jardins, et les métropolitains pour chasser les SDF. Preuve que le silence vaut de l'or, on le refuse à ceux qui n'ont rien. Un or dont il ne coûterait rien de laisser les miettes.

Il y a des histoires qui font grand bruit alors qu'elles ont été tenues dans le silence. Comme si chaque gramme de zéro devait se compenser en fracas. Alors si notre époque est autant enfermée dans le vacarme, son équivalence en silence doit se trouver quelque part. Où ? Peut-être que les messages, notre moyen de conversation privilégié, est du silence. Au vu du flot qu'il s'en écoule chaque jour, il faut bien au moins ce brouhaha sur les chaînes de télévision.

Nous avons tant l'habitude de grésillement dans l'oreille que nous endormons nos nourrissons grâce à des bruits blancs. Il faut croire que le noir du silence effraie.

L'Age

J'ai vingt-et-un ans. Je ne sais pas trop si cela veut dire que je suis trop jeune pour écrire ou trop vieux pour le faire. Si j'en avais la moitié, on s'en ficherait, au pire on me dirait qu'écrire n'est pas un métier. Si j'en avais le double, on ne m'adresserait plus la parole. Là, vingt-et-un ans, je suis entre deux, on commence à se détourner de mes élucubrations, en rajoutant que ce n'est pas un avenir.

En vérité, nous sommes tous entre deux âges : entre le jour de notre naissance et celui de notre trépas. Il ne faut pas s'angoisser de cela. Il n'y a rien de très cathartique à compter le nombre d'années que nous cumulons.

« Il y a des jours, des mois, des années interminables où il ne se passe presque rien. Il y a des minutes et des secondes qui contiennent tout un monde. », Jean d'Ormesson.

Une personne avait écrit ça sous une photographie de nous deux. Elle avait raison. En temps normal, je conteste toujours un peu ce que l'on écrit sur moi. Un peu par arrogance, un peu par perfectionnisme. Là, c'était juste, c'était ce que je ressentais. Cette personne est arrivée quand j'entamais un nouveau cycle, et il me paraissait que nous nous connaissions depuis un millénaire. Et j'ai vécu des éphémères avec cet individu, qui m'ont fait vieillir d'une décennie. Lorsque nos routes se sont séparées, j'ai compté mes premières rides. Ma sœur, de quatre ans mon aînée, n'a pas encore une de ces marques sur sa peau. Je ne sais pas qui de nous deux est le plus vieux.

L'âge est un conditionnement social ingrat. Mis à part pour les titres de transport en commun, je ne perçois pas sa pertinence. Oui, dans une certaine masse, nous retrouvons des caractéristiques communes aux adolescents de quinze ans. Je me sens tellement vieux que je me comporte comme un enfant capricieux. L'âge est une injonction à ce que nous pouvons être. À dix-huit ans, l'État nous désigne majeur et responsable. C'est une simplification juridique qui n'a aucune valeur. J'ai vu des jeunes adultes qui pouvaient retourner en primaire, et d'autres qui étaient prêts pour la maison de retraite.

Si l'âge était une notion pertinente pour l'existence humaine, nos assemblées démocratiques seraient vraiment efficaces étant surpeuplées de vieux croulants. Nous estimons le nombre d'années que nous avons volé dans la vie des autres. Il faudrait plutôt mesurer l'âge avec une grille, plutôt qu'en comptant l'écoulement des saisons. Cette grille serait un récapitulatif de ce qui nous fait vieillir. Par exemple : perte d'un proche, première dent perdue, première honte, premier baiser. Chacune de ces expériences se verraient attribuer un nombre de point année. Frapper son père pourrait valoir deux ans. Son premier os fracturé vaudrait deux mois et un plâtre. L'âge ne représente que cela, que l'accumulation supposée de nos expériences. C'est pour cela qu'on se retrouve à cinquante ans à décliner un football avec les enfants par un « Ce n'est plus de mon âge. ». À l'inverse, on se préoccupe qu'un trentenaire n'ait pas encore de marmots. Nous avons tous le même nombre de printemps, nous n'avons pas tous connu les mêmes saisons.

J'en viens à ce que l'âge a en lien avec la liberté. La liberté est perçue comme un concept qui inspire la jeunesse et que les séniors pensent ne plus avoir le droit de clamer. Notre déesse n'a pas d'âge, elle est immortelle, elle a l'âge d'avoir son âge, c'est-à-dire aucun. Nous nous restreignons à cause de ce décompte macabre, alors qu'il n'y a aucune raison. Il est compréhensible que son corps perdant de ses capacités, nous ne pouvions plus faire n'importe quoi. Et encore. Un indien, Fauja Singh, a couru jusqu'à cent-un ans, ayant débuté sa carrière de marathonien à quatre-vingt-neuf ans. Le corps a plus de ressources que nous le pensons, c'est plus souvent l'esprit qui s'éteint d'abord. La liberté ça se cultive. Sortons de ces schémas qui nous obligent à faire semblant d'être libre à un âge, et à faire semblant de ne plus l'être car nous avons des responsabilités. Nous avons tous la responsabilité de notre âme, rien n'est plus lourd à encaisser que cela. Vos responsabilités ou vos incapacités ont rarement de bonnes justifications. Ce n'est pas l'âge qui est un argument fourre-tout qui vous excusera.

Plus terrible que de ne plus avoir l'âge, qui est en fait ne plus avoir l'envie, rien de plus, c'est ne pas avoir l'âge de nos prétentions. En France, beaucoup plus que dans les pays anglo-saxons, vous avez le droit de garder le silence jusqu'à vos trente ans, a minima. Il est décrété dans la conscience collective que celui qui a vu le plus d'hiver est meilleur que l'autre. Sauf qu'entre vivre cinquante ans de tranquillité et vingt de remous, il n'y a pas besoin de réfléchir pour savoir lequel des deux est le plus avancé dans la vie. J'ai parlé à des quarantenaires qui avaient besoin de mes conseils, et j'ai appris d'un enfant malade que rien ne servait de juger. L'âge est un nombre que l'on nous attribue pour pouvoir nous classer. Si vous sentez avoir quinze ans de plus que votre interlocuteur, parlez comme tel, ne vous cachez pas derrière une fausse modestie. Si vous savez que cette gamine est plus perspicace que vous, balayez cet égo qui vous empêcherait d'écouter ses vérités. Une barrière de plus à abattre.

Le Suicide

Le suicide est la liberté ultime de l'Homme. Cela me coûte d'admettre une fin si noire à la liberté. Peu importe les raisons qui nous poussent au suicide, elles sont valables. Comme tout dans ce monde peut être réduit à la méthode du doute cartésien, il n'y a rien qui vaille la peine de vivre. Je crois que nous supportons la vie par simple peur de la mort. Surpasser cette peur est toujours une marque d'une certaine liberté indomptable. Nous ne dépassons pas la mort en vivant davantage, c'est un mythe afin que l'on continue à vivre. Quand l'immortalité sera devenue une norme, vous verrez, le nombre de suicide grimpera en flèche. Il y aura même des concours de plus belle mort. À l'inverse de maintenant où l'on essaye de montrer sa meilleure vie sur les réseaux sociaux.

Le suicide est une énigme, ou plutôt un nœud indéchiffrable dans la philosophie. Le Coran bannit cet acte, Kant butte dessus en appliquant sa maxime : « Agis comme si la maxime de ton action devait être érigée par ta volonté en loi universelle de la nature. », Hitler s'est-il sauvé en se suicidant ? Le suicide est une échappatoire pour certains, je n'en suis pas sûr. Il en faut du courage pour accepter de mourir, plus que de se liquéfier dans une vie de dépression. Le suicide est une prise en main peut-être, plus qu'un abandon. Il outrepasse tout ce que nous savons, tout le conditionnement que nous avons reçu, il exempt tout le mal que nous allons faire à nos proches, nous serons libérés de nos angoisses, et il y a plus de chances d'être libre dans l'au-delà qu'ici-bas.

« On ne meurt qu'une fois et c'est pour si longtemps ». Molière avait déjà tout compris. Lui qui selon la légende serait mort sur scène, aurait joui d'une sortie de scène capiteuse. Il ne s'est pas tué, pourtant il a décidé de comment mourir, c'est une forme de suicide comme une autre. Sommes-nous tous des suicidés en puissance lorsque nous signons les papiers de notre héritage ? Je ne peux supporter d'attendre la mort. Elle aussi, elle ne doit pas nous avoir, nous ne sommes pas ses bêtes qu'elle vient rentrer au bercail de l'enfer, aidé de son chien de berger Cerbère. Nous ne gagnerons pas la bataille avant quelques décennies et que l'Homme devienne un cyborg. Nous pouvons la surprendre et livrer une prestation dont elle se souviendra à jamais. Si j'étais chanteur, je voudrais mourir sur scène comme Dalida, rien d'étonnant pour une femme qui a tant perdu d'hommes par suicide. Nous nous suicidons tous en imaginant notre propre fin. Ce qui est une bonne chose en soi, cela prouve que l'humain a pour but ultime d'être libre.

Le suicide est un acte égoïste. Il faut être égoïste pour être libre. Toute vie commence par un « moi, je », et elle finit trop souvent par un « aux personnes que j'aime. ». Si nous perdons notre dernier souffle à cause d'une maladie, nous perdons le contrôle sur notre mort, nous perdons le droit de dire aurevoir à nos proches, nous perdons la maîtrise de l'image que nous souhaitions leur laisser. Le suicide est un devoir, une lettre de suicide fait toujours pleurer nos proches, mais nous pouvons leur dire ce que nous voulons. À quoi bon s'acharner à vivre quatre-vingt-dix ans, si nous estimons que notre mission est accomplie ? Tuez-vous, vous ferez de la peine à des proches, certains ne s'en remettront jamais, soyez-en conscient, mais tuez-vous au bout moment.

Pour ma part, aussi peu de crédit accorde-je à la vie humaine, je sais que je n'ai pas fini de vivre. Ma mission m'est inconnue encore, quoiqu'il en soit, elle n'est pas terminée.

Le suicide doit être un choix, pas une fatalité. Nous devrions tous y passer, notre rapport à la mort serait plus sain, il nous traumatiserait moins si nous savions que seul nous avions le pouvoir de nous tuer. Je parle à celui qui est en haut d'un toit tandis que sa vie est au plus bas, descends de là, le suicide n'est pas un acte d'abandon, tu ferais une erreur. Il est l'un des plus grands accomplissements de l'Homme, veux-tu vraiment le gaspiller pour fuir ? Tu te sens étriqué ? Bloqué dans un amas de problème qui ne se résoudront jamais ? Ta famille est éclatée à cause de ton alcoolisme ? Tu ne pourras pas récupérer la femme que tu aimes ? Tu sais, tu as peut-être tout perdu. Ce n'est pas une raison pour continuer à perdre en sautant vers le bitume comme si tu allais rebondir. Si tu meurs maintenant, tu mourras au plus bas de ta personne, essaye de décoller plutôt que de sauter.

Il nous faut revenir sur l'aspect « libérateur » de ce geste. Il ne me semble pas qu'il puisse nous libérer de quoique ce soit. Si nous étions assurés que la mort soit la fin de notre existence, nous pourrions le subodorer, toutefois, il n'y a pas de preuve d'une telle affirmation. Imaginez, vous vous tuez pour fuir vos problèmes, et en fait la conception Hindoue de la réincarnation est juste. Nous aurions perdu une vie, tout ça pour se retrouver en chat de gouttière. Il faut environ sept vies pour atteindre le Nirvana. Une existence, sept vies. Pourquoi en gâcher une ? Même dans le pire des ghettos où vous ne possédez que votre chagrin, et le caillou dans votre poche, vous apprendrez davantage à vivre qu'à mourir. Toute souffrance est un raccourci vers la connaissance. La mort est un raccourci vers une autre vie, rien de plus. Il vaudrait mieux emmagasiner le maximum de savoir avant de se projeter vers une autre incarnation, cela éviterait d'en gâcher deux de suite.

Il n'y a pas d'échappatoire à notre âme, faut-il l'accepter et le mettre à profit. Le suicide n'est jamais une façon d'aller mieux, sinon il n'est plus liberté. Pendez-vous uniquement au matin d'une journée de printemps où vous savez que vous n'avez plus rien à faire, plutôt que le soir après avoir vu qu'il n'y a sans doute rien à faire. Le monde est ce qu'il est, un homme ne peut le changer qu'en se changeant lui-même. Si vous vous considérez comme foutu, il est mathématique que l'univers le soit. Il n'y a pas d'unité, il n'y a pas d'interdépendance, Dieu n'est pas là pour harmoniser, il y a nous, et c'est tout, c'est déjà beaucoup. Faire un pas vers soi est égal à faire un pas vers le monde. Le suicide sera notre dernière liberté, il faut être certain de l'accomplir à ce moment, pas avant.

L'Evasion

Ce mot est l'exact opposé de ce que nous recherchons. Nous ne voulons pas vivre comme des fuyards des autorités judiciaires métaphysiques, nous tendons à marcher dans la rue comme si dans chacun de nos pas pouvait résonner « liberté ».

L'évasion est une fiction. Tout d'abord, parce qu'une évasion est temporaire. Elle est un instant où nous profitons d'un répit dans notre pénitence. Sylvie quarante-huit ans, ne supportant plus son mari et la routine de la garde des enfants, n'est pas plus libre en s'en allant un week-end en solitaire à Saint-Tropez. Elle s'évade, les gendarmes Ennui et Quotidien viendront la récupérer sans tarder.

Nous nous évadons tous. C'est un moyen facile de remonter à la surface prendre de grandes bouffées d'air avant de retourner sous l'eau. C'est ainsi qu'on a justifié que les hommes aient le droit de tromper leurs femmes pendant des siècles. Vivons-nous plus simplement en cherchant à s'évader plus qu'à se libérer ? Je crois. Les plus modestes vont à un match de basket les week-ends afin de relâcher les tensions accumulées, les plus bourgeois se recueillent dans leurs maisons de campagne avant de retrouver l'agitation urbaine.

L'évasion est une satisfaction et non un accomplissement. Elle n'est pas si néfaste. Tout n'est pas que grande philosophie, la preuve, ce livre n'en est pas et pourtant il ne parle que de ça. Il y a des illusions dans lesquelles nous pouvons miroiter des réalités alternatives qui peuvent influencer la véritable. L'évasion reste un avant-goût de liberté. Elle est une simplification nécessaire. Comme au début nous apprenons le vélo avec les roulettes, nous apprenons la liberté grâce à l'évasion. Moi-même en ce moment, je ne sais pas si j'écris pour me sentir libre ou pour m'évader ? Nos distractions, nos moments d'introspection, sont des mystères. Ils sont autant notre moyen d'échapper à nos malheurs que la fin de notre être pour qu'il puisse se projeter. Je me souviens d'un livre « La biographie d'un inconnu », de Fabrice Humbert. Il se termine par le personnage principal visionnant des cassettes dans le noir, ne faisant rien d'autre. Cet homme veut devenir quelqu'un tout le long de l'histoire et au final, il ne devient qu'un inconnu qui regarde un écran. Il a fini par devenir personne. Rien qu'une âme perdue dans l'évasion, incapable d'autre chose.

Toutefois, jamais un être ne sera libre en se gavant d'évasion. Cela voudrait dire qu'il s'échapperait constamment des prisons, donc qu'il serait remis sous écrous systématiquement. Le jour où nous devenons libre, est un jour infini, ni passé, ni futur, la liberté est infinie par essence. La liberté n'est pas une évasion, un passe-temps.

L'Art

« La mission suprême de l'art consiste à libérer nos regards des terreurs obsédantes de la nuit ». Nietzsche possédait en tout cas l'art de la formule. Il est une idée assez répandue que l'art est un acte de liberté de l'Homme. Cela est discutable. Vu de l'extérieur l'artiste fait ce qu'il veut et exprime la personne qu'il est. Vu de l'intérieur un art peut être entravant, une sorte de mécanisme dont l'individu ne sait se défaire. Le photographe calcule les angles de ses photos, la teinte de retouche qu'il appliquerait à la moindre station de bus enlaidie par les fientes de pigeon.

Néanmoins, l'art est le seul moyen pour l'humain d'édifier des constructions qui lui survivront. L'art relève en grande partie d'une peur de la mort, ainsi que de la brièveté de la vie. Les cathédrales, les poèmes, les croquis, les robes de haute couture, n'ont d'intérêt que parce qu'ils tiendront bons plus longtemps que nous. Dans l'art nous nous projetons, nous mettons un peu de nous dans le but de le faire durer. Il est plus difficile d'être triste pour un artiste car il va matérialiser son chagrin en un édifice. Il va agrandir sa peine en essayant de l'apaiser, tout ça pour qu'au final elle lui survive. Demandez à Apollinaire s'il aurait préféré écrire « le pont Mirabeau » ou retrouver sa bien-aimée.

Dès lors, l'art sert-il à supporter la vie ou à s'en libérer ? Pour Nietzsche, un peu des deux. Il ne fait pas vraiment la distinction, il me semble. L'art est projection de notre âme, en toutes circonstances. Cela ne veut pas dire que nous sommes notre art, ou que si j'écris un personnage nazi, je suis nazi. Il faut le prendre dans un sens plus fin. Il n'est pas possible de séparer l'auteur de l'œuvre, sinon ce n'est plus de l'art, sans un humain, cela deviendrait un simple algorithme. Cependant, Perrault écrivant ses contes, qui sont d'une complexité absolue avec la forme la plus accessible, insuffle dedans ce qu'il est. Il n'est ni un troll, ni un petit poucet, il est un homme et son œuvre, c'est lui pourtant. Alors il n'y a pas de raison que si je sculpte un phallus, je sois moi-même un phallus. L'art est une extension. Comme nous nous servons de l'électroménager pour améliorer notre quotidien, nous nous servons de l'art. En le pratiquant, ou en l'admirant.

Nous nous libérons d'une partie de nous en exerçant l'art, tandis que nous en comblons une autre lorsque nous le voyons sur une toile. On évoque l'art en tant qu'expression, mais c'est avant tout de l'ordre de la compréhension. L'art est un moyen de communication. Le langage lui-même est un art, on le nomme rhétorique. Tout échange entre humain ne se produit pas sans une once d'artistique. Cette manière d'imaginer cela comme étant un pont peut paraître étrange tant les artistes ont dit en interview qu'ils faisaient cela pour eux en premier lieu. Sauf que même si nous peignons par loisir, nous le faisons en tant qu'artiste à destination de notre être qui paye les factures. Il y aura toujours un lecteur à notre art.

L'art remplit donc une fonction sociale plutôt qu'éthologique. Sans lui, nous serions bien moins libres. Nous nous priverions des autres, qui représentent les neuf dixièmes de notre être. Sans art, il n'y aurait pas de connaissance, pas de livre, pas d'oralité, peu de sentiment, nous serions des animaux. Nous pouvons trouver en lui la justification de la race humaine. Nous ne pouvons exister que pour ça puisqu'il est ce qui nous différencie le plus des autres mammifères. L'art reprend nos questionnements, nos révoltes, nos joies, un tableau peut contenir tous les Hommes en n'en représentant qu'un.

Quelle mission réelle se cache derrière l'art ? Elle ne me semble pas définissable. Si nous outrepassions la mort, nous en saurions davantage. Quand la mort disparaîtra ou sera repoussée d'un ou deux siècles, nous pourrons déduire le but de l'art. Pour l'instant, il n'est que cause de l'Homme. Il est inné à notre liberté. Ils sont indissociables. L'art, peu importe sa qualité ou le regard de la critique, est toujours un pas vers notre libération. Il ne suffira sans doute pas, il peut avoir l'effet inverse par moment, mais à la fin, nous aurons œuvré pour notre liberté. L'art permet de relâcher ce qu'il y a en nous. Au lieu de fuir notre psychisme, c'est lui qui s'en va pour s'agencer devant nos yeux. Puis les formes sont si diverses, que nous sommes obligés d'être sensibles à l'une d'entre elle. La musique, l'Histoire, l'écriture, la peinture, la sculpture, l'astronomie, le sport… Si un message ne nous apparait pas clairement dans un livre d'histoire, ce peut être une musique qui déverrouille le cadenas.

Si l'on veut être libre, commençons par être un artiste ou un critique d'art. Il n'y a que comme ça que l'on peut s'approprier le monde qui nous entoure et l'accorder à ce que nous ressentons. Nous avons déjà débattu de notre lien avec les autres, la nature, l'impossible isolement de ces phénomènes, alors autant plonger dedans, accepter notre humanité. Noircissez des pages, saignez des yeux en retouchant votre dessin sur la tablette graphique, esquintez-vous les doigts sur des touches de piano, ça ne sert à rien, et cela vous apportera tout. L'art est souvent dénigré sur l'argument que ça ne vaut rien, mis à part dans une salle d'enchère. Cette réflexion est la plus basse que puisse avoir un être humain. Dire que l'art est inutilité, est bafouer toute humanité. Souvent ces individus ne jurent que par la rentabilité, les billets, et le sacro-saint capitalisme. Comme si l'argent était quelque chose de plus tangible que l'art… Une crise et il disparait. L'art, malgré le vandalisme, les autodafés, les guerres, ne disparaît jamais. Gavroche chantait encore sur la barricade. Apollinaire écrivait dans les tranchées. Le Parthénon nous est parvenu. Lamartine livrait que « Diviniser le fer, c'est forger ses entraves ». Vous pouvez encore continuer à croire aux pièces de monnaie plus qu'en l'art, ce cuivre deviendra celui de vos menottes.

L'art est aussi vain que l'Homme, ils n'existent pas l'un sans l'autre. Il est le seul ami que nous aurons, nous pourrons nous en éloigner, être infidèle en préférant une émission de télé-réalité à la peinture, il sera là quoiqu'il arrive. Il ne pourra nous décevoir, il pourra être mauvais j'en conviens, mais ce sera moins la faute de l'art que de l'Homme. Nous sommes dans une phase de reconquête. Notre liberté nous devons, nous l'approprier. Et c'est là où l'art est extraordinaire, il permet de dompter cet étalon des plaines sans pour autant avoir à lui passer un mors. Il est une entente, un accord sans signature. Nous naissons avec une propension unique dans le règne animal à l'art, alors la clef de l'équation doit se trouver là. Il est trop tôt à notre échelle pour savoir ce qui en relève véritablement, toujours à cause de la mort et qu'on puisse faire de l'art pour se survivre. En tout cas, lorsque nous sommes en vie, l'art, regroupé dorénavant sous le ministère de la culture, accroit notre existence.

En revanche, si nous sommes à une époque où l'accès à l'art est facilité grâce à internet, nous avons pris l'habitude de consommer l'art. Nous payons une place de cinéma pour voir un bon film, autant que pour meubler notre ennui. Il ne faut pas voir le mal partout, tout ce que nous faisons, c'est pour meubler de fait. Cependant, il est possible que nous ayons perdu de vue la véritable mission de l'art au profit d'une consommation gargantuesque remplissant les caisses des producteurs. Il n'y a jamais eu autant de musique, de littérature, et de cinéma proposé. Un peu car nous en consommons davantage, un peu car l'offre a explosé, un peu car cela est devenu un business. L'art peut-il être au service d'une industrie ? Il l'a beaucoup été en tout cas. À l'heure actuelle, nous avons un retour à l'indépendant, aux voies détournées des grosses industries. Prenons l'exemple de la musique, dont l'apparition du streaming a bouleversé le marché. (Le streaming est le fait d'écouter toute la musique que l'on veut sur une application portable en échange d'un abonnement, ou d'un visionnage publicitaire.). N'importe qui peut poster sa chanson, et n'importe qui peut l'écouter. La case maison de disque, ou passage dans une émission de télé-crochet est devenue facultative. Ce qui est bon pour l'art en général, car le consommateur est plus libre de ce qu'il veut dans ses oreilles et moins conditionné par des modèles imposés. Toutefois, le streaming forme une bulle facile d'accès et donc de surabondance de musique, poussant à écouter toujours plus et moins bien.

Il n'y aura plus de Johnny Halliday, plus de Victor Hugo, plus de Scorsese. Il y aura beaucoup plus d'artistes, avec de moins gros chiffres de vente. Les utilisateurs auront des goûts plus personnels, moins stéréotypés, ce qui favorisera la diversité artistique. Warhol avait lu l'avenir en annonçant que « À l'avenir, chacun aura droit à quinze minutes de célébrité mondiale. ». L'art est en train de devenir beaucoup plus libre qu'avant, ce qui correspond à son essence première, et tout le monde veut se voir reconnaître artiste. Est-ce un péché d'orgueil ou le juste retour des choses tant l'art est humain, et que l'Homme veut être libre ?

Pour conclure, nous pourrions comparer l'art à notre ombre. Il n'est jamais loin de nous, disparait-il dans les nuits noires ou nous envahit-il ? Il s'étend au coucher de soleil, quand nous marchons au bord d'un fleuve, en tentant d'attraper les doigts de notre rendez-vous. L'art, nous ne partageons notre existence qu'avec lui. Même mourir relève d'une mise en scène, même notre histoire il faut l'écrire, même notre avenir est un horizon à dessiner. Ne jamais accorder de l'importance à son ombre, c'est vivre en ignare de ce nous fait le soleil. Une ombre c'est tellement plus merveilleux qu'un reflet, elle est fuyante, amorphe, nous pouvons en faire ce que nous voulons en passant sous un lampadaire. L'art nous suit de partout, et nous pouvons en faire ce que nous voulons. Il est une matière propre livrée à notre psychisme. Il est une cajolerie que nous pouvons emplir de liberté, car là, c'est autorisé, et impossible de nous en empêcher.

Nouvelle urbaine III

« Je vous en donne vingt euros. ». Kylian conclut la vente de sa toile. Il en demandait plus, mais s'apercevant qu'il n'en obtiendrait rien, il la laissa partir au rabais. Sur le bord du fleuve, le vent lui fouettait le visage toute la journée et ses doigts gelés étaient moins habiles qu'à l'intérieur. Il ne pouvait faire autrement. Il avait tenté de diviser la semaine en deux, moitié vente sur les quais, moitié atelier. Il ne gagnait pas assez d'argent. Déjà que là, six jours sur sept, il comptait sur des bouts de ficelle pour vivre. Le RSA l'aidait, les aides aux logements aussi, la Croix Rouge ou les Restos du cœur faisaient le reste.

Kylian ne savait plus quel âge il avait. À force de peindre exposé au vent, il perdait y compris la mémoire de ses œuvres. Il savait qu'il peignait, grâce au pinceau, il savait qu'il avait été marié, grâce à l'alliance, il savait qu'il avait un garçon, grâce à la photo dans son portefeuille. Mis à part ça, il ne possédait rien. Il vivait dans une garçonnière sous les toits. Neuf mètres carrés lui suffisaient. Tout du moins, il devait s'en contenter, personne ne lui louerait plus grand. Il était presque miraculeux qu'on lui ait dégoté un logement. Une dame de l'assistance sociale s'était portée garante.

Les gens passaient devant son étalage, qui tenait bon avec trois tréteaux et deux planches de bois. Ils jetaient un œil curieux autant qu'émerveillé de revoir de la couleur au milieu de ce bitume. Être payé en admiration ne remplit pas le frigo. Kylian était flatté encore qu'on lui dise que ses tableaux étaient beaux. Il faisait cela depuis si longtemps, qu'il aurait pu en être lassé. On ne croise que rarement des experts de l'art dans la rue, ou alors ils vous prennent de haut, alors un compliment d'un impie le touchait toujours. Pourtant cette dame au chapeau exubérant, paraissait scruter son travail avec un compas. Kylian avait appris les bases de son art, le calcul des angles, des proportions, mais il n'était pas, et de loin, le plus académique des peintres. Ce n'était pas avec ses maigres ressources qu'il aurait pu se procurer les ouvrages et revues spécialisées pour s'améliorer. Dans sa robe violette, la femme passa au crible chacune des œuvres présentées, sans un mot. Kylian anticipa la critique, alors pour ne pas l'affronter, il lui tourna le dos en continuant d'esquisser la toile. « Vous vendez cela combien ? ». Il répondit qu'il affichait trente à soixante euros, en espérant en tirer au moins vingt à quarante. « Vous perdez votre temps, venez à cette adresse demain. ».

Il plia bagage à la nuit tombée, la carte de la femme au drôle de couvre-chef dans son blouson. Il irait peut-être, si ce ne lui faisait pas faire un immense détour. Elle ne lui avait pas dit ce qu'elle attendait de lui. Lui, en tout cas, n'attendait rien d'elle. Il y a dix ans, il se serait imaginé qu'il venait d'être repéré par une galeriste, maintenant, rien. Il ne rêva pas non plus dans son sommeil, là où avant il n'aurait réussi à s'endormir. Il chargea son établi portatif, comme tous les matins, excepté les jours de pluie, et se dirigea à l'adresse indiquée. Par chance, elle était à deux pas de là où il s'installait. Un peu d'aventure dans sa routine le décrasserait, lui donnerait autre chose à peindre. Il ne s'y rendit que pour cette perspective.

Là-bas, il pénétra dans le bâtiment, en demandant à une jeune fille qui passait par-là qu'une dame à chapeau lui avait dit de venir ici. Elle ne put le renseigner, elle était nouvelle ici, néanmoins elle lui indiqua le secrétariat. Le secrétaire comprit à la description physique qu'il venait voir la directrice. Il dû lui montrer la carte de visite avec la signature pour qu'elle accepte de déranger son employeur. Au téléphone, la dame au chapeau criait qu'elle l'avait prévenue qu'un homme viendrait aujourd'hui. La secrétaire s'excusa de son étourderie, et elle mena Kylian jusqu'au bureau de la directrice. La dame au chapeau l'invita à s'asseoir. Il avait l'air pochetron avec son barda sur le dos, au milieu d'une pièce où les fenêtres étaient des peintures. « Depuis combien d'année peignez-vous dans la rue ? ». Kylian répondit qu'il ne savait plus. Probablement trop longtemps. Il s'était mis à peindre peu avant de rencontrer son ex-épouse, et ils avaient divorcé il y a plus de dix ans. « Voulez-vous devenir professeur dans notre école ? Vous n'êtes pas le meilleur peintre que j'ai vu, vous n'avez sûrement que peu de connaissance théorique, mais vous êtes un vrai artiste. Nos élèves ont besoin de vous, de votre parcours, de votre investissement à cause perdue dans l'art. ». Kylian ne sut pas si c'était un compliment ou l'émerveillement d'une mondaine pour un gueux. Il refusa. Puis se ravisa en prétextant avoir besoin de réfléchir à sa proposition. La directrice ne fit aucune remarque.

Kylian rentra dans sa cage à oiseau, durant l'entretien il s'était mis à pleuvoir. Au moins, il n'aurait pas de regrets à être venu, il n'aurait pas manqué de ventes. Chargé comme une mule, il progressa sous l'averse. Il pourrait peindre dans de meilleures conditions s'il intégrait cette école. Ils n'avaient pas évoqué le montant de sa rémunération, pour autant elle devait être supérieure à ses maigres étrennes. Allongé sur son lit en quatre-vingt-dix, à moitié rongé par les punaises de lit, Kylian doutait. Il aurait refusé une telle proposition auparavant. Il avait quitté sa femme, s'était privé de son fils, afin d'être un artiste libre, ce n'est pas une banale proposition d'embauche qui l'aurait fait trembler. Là, il était fatigué, il supportait de moins en moins les crevasses sur ses doigts à cause du défilement des saisons. Il se sentit ridicule de réfléchir à ça. Il avait plus de cinquante ans, et il avait enfin une opportunité d'être apaisé. Ce n'est plus à son âge qu'il progresserait en peinture, ce n'est plus à son âge qu'il deviendrait le nouveau Rembrandt. Entre résignation et acceptation, il ne parvint à faire un choix. Qu'allait-il leur apprendre à ces élèves ? Il a peint dans la rue tout ce qui défilait dans son champ de vision, tout le monde est capable de le faire. Certes, avec plus ou moins de talent.

Kylian se rendit à l'école dès le lendemain. Il accepta. Il avait la liberté d'être heureux à cinquante ans passés. Sa date de péremption se rapprochait, il n'avait plus envie de se battre pour des idéaux.

L'Espace

Nous parcourons des bouts d'univers comme s'ils étaient notre monde à nous, notre étendue, alors qu'il n'en est rien. On se sent chez soi en repassant devant la poste du village de notre enfance, et en même temps nous sentons étrangers maintenant que notre ancienne école n'existe plus. Nous évoluons en permanence dans l'espace, il est de pair avec le temps. Comme son homologue, nous essayons de nous l'approprier, de l'étendre, de le raccourcir, en vain. Nous construirons mille cathédrales que cela ne nous appartiendra pas.

Grâce au droit nous pouvons acheter une parcelle, et dire que cet endroit est à nous. Heureusement que le droit existe, sinon en suivant des logiques philosophiques, il serait dur d'arriver à la propriété individuelle. Le fait d'avoir un endroit que l'on peut appeler chez soi nous semble une liberté. Il en relèverait plutôt du contraire en mon sens. Nous avons été habitués à nous dire que posséder quelque chose s'était pouvoir en disposer comme nous en voulions, dès lors être libre, sauf que la liberté n'est pas dans la possession nous l'avons déjà dit de maintes fois. C'est un faux raisonnement d'acheter un terrain pour se croire chez soi. Déjà car l'État Français peut le réquisitionner quand il veut, puis, car nous sommes des terriens, la Terre est chez nous. Cette planète ne nous appartient pas, nous en sommes des ressortissants rien de plus. Il est aberrant de penser qu'un jour un Homme a planté un drapeau pour revendiquer l'individualité de ce qui appartient à tous.

L'espace est plus qu'une plaine verte à la campagne, l'espace est plus que le vide sidéral, l'espace est plus que l'océan à l'infini horizon. L'espace, nous le distordons à chacun de nos mouvements. L'espace est une matière que je pourfends dès que je tape sur mon clavier. Nous sommes constamment contenus dans cette matière invisible et indescriptible. Comme pour le temps, il n'est pas possible d'imaginer pouvoir lui échapper. Il y a un endroit où nous lui échappons quelque peu, c'est notre esprit. Les mouvements de pensée n'ont pas à trancher l'air ambiant, ils circulent à l'intérieur de notre boîte crânienne et nous emmènent si loin. Toutefois, ce n'est pas une réponse à comment être libre dans l'espace. Ou ce serait un lot de consolation.

L'espace, nous sommes contraints de le traverser, comme le cadran d'une horloge, en revanche, lui, nous pouvons le modeler. L'architecture et l'urbanisme en sont les preuves les plus flagrantes, mais même dans la décoration de notre maison, nous bâtissons un espace qui nous ressemble. Le temps nous pouvons le meubler lui-aussi, sauf qu'il ne changera jamais de visage. L'espace est par nature malléable. Il nous contient, il nous offre un terrain de jeu. À nous de décider quel jeu, nous voulons jouer. Certains auront besoin de redessiner leur jardin, ou d'ériger des statues, tandis que d'autres auront besoin d'un point en hauteur pour faire le vide.

Au sens physique, nous disloquons l'espace-temps dès que nous marchons. Au sens psychique, l'espace nous le déformons en lui attachant des souvenirs et des ressentis. Nous avons besoin de l'espace, il permet de mettre des images sur ce que nous ressentons, de retrouver un sanctuaire. La capacité d'abstraction de l'Homme est immense, mais il ne peut se recréer un jardin secret sans un square, un banc devant une boulangerie, ou une voie de chemin de fer. Nora défini les « lieux de mémoire » comme étant des endroits où se cristallisent la mémoire collective en un monument, en un cimetière ou autre. Si l'historien emploie ce concept uniquement dans sa discipline, il me semble que ce pourrait être élargi. Il y a des lieux de mémoire et nos lieux de mémoire. Nos lieux de mémoire sont individuels, ils n'évoquent peut-être rien à notre voisin qu'à nous ils résument tout. Ces lieux de mémoire nous en avons tous, et nous en découvrons tout au long de notre vie. Ils ne cristallisent pas forcément un évènement à commémorer, ils peuvent simplement contenir en eux une émotion, un sentiment, avec laquelle nous aimons renouer. Nous n'avons pas l'exclusivité de ces lieux. Il est même intéressant de comparer notre ressenti avec quelqu'un qui se retrouve aussi dans cet endroit. L'espace est une porte essentielle à notre liberté, sans lui nous ne pourrions bouger, il est élémentaire. Tout comme le temps. Il ne peut être un frein à notre liberté, elle ne peut exister sans lui.

Plus nous avançons dans notre réflexion, plus nous cumulons de facteurs obligatoires à notre liberté. La liberté serait-elle si impérative ? Ce serait paradoxal. Ces conditions sont le cadre pour que nous puissions courir dans tous les sens. L'espace ou le temps sont les règles du jeu, la vie n'est qu'un cadre pour que l'on puisse s'amuser. Nous ne pouvons pas faire des bonds de cinq mètres, ni avoir deux fois le même âge, en revanche rien ne nous empêche de créer des exosquelettes ou faire des injections de botox. Il va falloir s'attaquer à celui qui fixe les règles.

Dieu

Nous devions en venir à lui, celui dont nous ne savons rien et qui sait tout de nous. Nous ne reviendrons pas sur l'existence de cet être. Sauf si vous avez quelque chose à répondre à trois mille ans de philosophie. Quoi de plus libre que celui qui la compose.

« Dieu est mort » s'extasiait Nietzsche pour décrire la disparition de la foi dans le monde occidental. La religion est sans doute moins pertinente qu'auparavant, les gens sont moins assidus à leurs devoirs de croyant. D'ailleurs, l'extrémisme religieux n'a jamais autant choqué que maintenant. Le fanatisme est une conséquence comme un amoureux trop fusionnel. Il écarte le bien et le mal en remettant toute leur existence sur une construction sociale pour les absoudre de prise de décision. La religion est la forme de Dieu la moins libre. Si le Coran, la Bible, et la Torah sont riches d'enseignement philosophique, pour leurs fidèles ils sont un recueil de lois à suivre. Je pense que les religions ont été créée dans ce cas pour ceux qui ne savent se définir une représentation du monde. Il n'y a pas de mystère que nous nous soyons éloignés d'elles au moment de l'histoire où l'individu a le plus de liberté. Notre niveau d'instruction actuel n'est plus conciliable avec « tais-toi et marche ». Bien que cela ait eu pour effet pervers que tout le monde a un avis sur tout, se croyant capable d'argumenter. À l'époque où nous ne croyons plus en Dieu, nous n'avons jamais tant eu besoin de lui.

Dieu n'est pas la cause originelle de toutes les causes, nous ne pouvons croire en lui seulement par faiblesse de ne pas trouver de réponse. Il est une entité bien plus essentielle, bien plus grande et en laquelle l'Homme ne doit pas de reconnaissance. Dieu a tout donné aux Hommes, le bien et le mal, pour voir de quel côté il tomberait. « L'Homme est un fil tendu entre la bête et le surhomme », Nietzsche, une nouvelle fois. Nous n'avons pas moins que Dieu, il nous a fixé des limites pour que nous apprenions à les dépasser. La lutte est de se rapprocher de lui. Attention, cela ne veut pas dire gagner le maximum d'argent, être heureux, être libre, ou être autre chose. Nous n'avons pas la réponse, voilà soixante-dix mille ans que nous cherchons.

Dieu pourrait être le bourreau de notre liberté. Si nous dépendions de lui, qu'il était notre cause première, nous aurions envers lui une dette à combler. Il est autant probable que nous soyons nés en même temps que Dieu, qu'après lui. Grâce à la science, nous savons que nous ne sommes pas apparus d'un coup avec deux jambes, deux bras. Preuve que notre composé cellulaire remonte bien au-delà. Il serait plus juste de penser que Dieu en créant sa propre existence, nous créa à ce moment. Nous sommes de la même liberté infinie que Dieu. Notre usage diverge en revanche.

Tout ce que nous posons comme des freins à notre liberté tels que la mort, le temps, ou l'espace, le sont car nous ignorons le cœur de ces inventions. Si nous retournions l'équation, que nous étions sûrs que la mort n'est pas la fin de quelque chose, mais une renaissance, nous serions moins tourmentés. Dieu est né tout-puissant, et nous, nous devons le devenir sans la certitude de pouvoir l'être. Il a eu la liberté totale, celle qui est une essence dont il ne peut se défaire, l'Homme a eu celle qui est insolente et désinvolte.

Est-ce que Dieu nous persécute en nous imposant ces limites et une destinée ? Non. Dieu a une liberté si grande qu'il ne peut s'en servir pour soumettre. La liberté engendre la liberté. Le besoin d'autorité intervient lorsque l'on n'a pas de contrôle et que l'on a peur. Dieu n'est ni un régulateur, ni effrayé que l'Homme tente de se hisser à son niveau. La destinée est un calcul de cause et de conséquence trop vaste, Dieu en a régi sans doute l'algorithme, pas le résultat. Le but d'un être libre est que d'autres puissent le devenir. Barrer la liberté revient à se l'approprier, dès lors ce n'est plus une liberté mais une propriété. Notions antithétiques.

Il y a encore de nombreux mystères autour de la question de Dieu, et nos appréhensions proviennent de nos ignorances. Il faudra peut-être encore trois millénaires et quelques civilisations pour ne faire rien qu'un pas vers lui. Ce n'est pas grave, continuons de marcher, de continuer à vouloir être libre, nous débusquerons ce vieux grincheux en temps voulu. Nous avons un point commun bien que nous soyons son opposé.

Dieu n'est ni bon, ni mauvais. L'Homme est bon et mauvais. Dieu est invisible, l'Homme est trop exposé. Dieu serait au ciel, et nous ici-bas. Dieu pourrait être une femme, l'Homme pourrait être un Dieu. Dieu est ce que nous ne sommes pas, L'Homme est tout ce que nous sommes.

De l'utilité de lui rendre un culte, je ne sois pas sûr que cela serve. Mon aversion pour les religions, je vous l'ai déjà démontré en en-tête, est forte. Elles sont des formes vides. Elles ont davantage un rôle social qu'un rôle spirituel. À la rigueur elles peuvent être une source d'enseignement, mais combien de fois ont-elles servi d'outil d'endoctrinement ? D'un point de vue de la démonstration, nous ne pouvons être gagnant à rendre hommage à une divinité. En effet, nous ne pouvons vénérer un être qui est tellement parfait qu'il ne peut s'intéresser à l'Homme. Il connait tout de nous, il ne peut avoir d'intérêt à nous observer. Lorsque nous prions Dieu, qui plus est, c'est plus souvent pour lui demander de l'aide que pour lui apporter quelque chose. Dans une question d'égalité, j'imagine mal Dieu accorder des faveurs aux uns tout en refusant aux autres. Il n'a pas de valeur du bien et du mal. Dieu n'est pas le juge ultime de ce monde dont nous pouvons graisser la patte. Il est le monde dans son intégralité. À la façon des stoïciens, j'apprécie le concept que Dieu se trouve en toute chose et que nous en sommes des cellules. Nous pouvons être des cellules cancéreuses, des anticorps, des cellules mortes vagabondant dans son organisme, ou bien des cellules en formation. Même si nous parvenons à la grande liberté, Dieu ayant été le premier à en jouir, exception faite qu'il n'a pas eu la volonté de l'être, il est Tout depuis le tout début, nous serions des composantes de Dieu. Une sorte de parasite qui se serait développé dans son corps jusqu'à pouvoir en sortir et devenir un clone de lui. S'extraire de Dieu est la liberté finale, ne pas accepter son existence est le meilleur moyen de ne jamais s'en affranchir. Reconnaître avoir un maître ce n'est pas octroyé un pouvoir à un tiers, c'est être conscient des barrières à franchir.

Il est un hypocrite système que celui des religions qui poussent à vénérer en échange d'une vie éternelle. Pour ce qui est de l'hindouisme, l'échange de bons procédés est moins immédiat puisque cela est davantage une quête spirituelle, cependant elle accorde le bénéfice de la réincarnation, et d'atteindre le Nirvana à terme. En revanche, Le Nirvana, le point où il n'y a plus de désir, où nous sommes libres d'une certaine manière, est conforme à notre idée de se libérer de Dieu. Nous ne pouvons partir qu'une fois notre mission réalisée : l'accomplissement de soi. Je ne suis pas certain que ce soit la meilleure solution pour être libre que de se vider du désir, néanmoins, je n'ai rien de tangible pour contredire. Ce livre n'est pas une succession de réponse, plutôt une accumulation de question. Je préfère réfléchir que vouloir édicter des vérités sur des tables de marbre.

La Vérité

La Vérité nous semble être un concept insaisissable et que nous remettons aux mains de Dieu lorsque nous ne pouvons trancher. Erreur grossière puisque Dieu n'est pas un juge, et est trop libre pour détenir la Vérité. Nous avons besoin de la vérité pourtant dans notre quête de liberté. Nous voulons découvrir la véritable vérité, où se cache-t-elle cette mesquine qui nous échappe depuis des siècles ? Elle, elle doit savoir ce qu'est la liberté, une fois capturée elle devra nous cracher le morceau. Alors on se réfugie dans le factuel et la science pour parvenir à la saisir un tant soit peu.

La connaissance nous semble être une avancée pour l'Homme jusqu'à ce que l'on se rende compte qu'elle est fausse. Beaucoup de nos savoirs primordiaux ont fini par s'avérer erronés. Cela est rassurant, car cela prouve que l'Homme est capable de surpasser ses propres erreurs, au final il ne serait pas si orgueilleux. Nous avançons sans savoir sur quel pied nous dansons. La vérité d'hier peut être le mensonge de demain. La science ne fait pas exception, elle essaye, elle se donne corps et âme pour atteindre son objectif de vérité suprême, et rien n'exclut qu'elle y parvienne. Le salut de l'humanité est peut-être dans la science.

Nous pourrons tous être heureux lorsqu'on saura manier parfaitement la sérotonine, l'adrénaline, et autre molécule -ine. Huxley décrit déjà cette perspective dans « Le meilleur des mondes », bien qu'il avertisse sur les dangers de telles méthodes qui nous rendraient dépourvus de tout sens moral et d'autonomie. Les sciences dures ont besoin des sciences humaines pour être utilisée à bon escient, et dans nos sociétés un calcul mathématique est davantage pris au sérieux qu'un discours. Ce qui est dur n'est pas censé souffrir du compromis, donc il doit être accepté par un consensus général. Une figure de style, une façon de gérer une équipe, toutes ces choses-là sont discutables. Normal, ce sont des sciences humaines, le principe de base est qu'elles soient remises en question. Mais qui nous dit que les sciences dures ne sont pas des sciences humaines ? Parce qu'elles calculent la distance Terre-Soleil avec justesse ? Elles ne restent que les instruments dont nous servons pour nous approprier le monde. Il n'est pas exclu qu'une autre civilisation que la nôtre parvienne aux mêmes résultats avec des méthodes opposées.

Cette instabilité de la connaissance nous empêche de pouvoir lui faire confiance. Elle ne vaut pas bien mieux qu'un ricochet. Un coup il peut couler immédiatement, le suivant aller jusqu'à sept rebonds (record personnel). Nous aurons beau travailler la technique du geste, la condition physique, l'analyse intellectuelle du creux des vagues, certains lancers seront vains, tandis qu'un pourra subitement dépasser les dix rebonds sans que nous ne comprenions le pourquoi au début. Un eurêka relève d'une part de hasard que les sciences dures ne maîtrisent pas malgré leurs efforts à ce propos. Accroître notre connaissance permet d'affiner notre compréhension du monde, mais gagne-t-on en liberté ainsi ?

Par être trop pétris de connaissance, nous oublions d'apprécier l'ignorance, ou nous nous enfermons dans de l'intellectualisation. Nous apprendrons tout ce que nous voudrons, que nous pourrions rester un abruti. Ce n'est pas que l'école de la vie soit divine et clémente, c'est qu'apprendre par cœur le nombre de coup de pinceau sur un tableau n'est pas très utile. La connaissance doit répondre à un but plus élevé que celui d'être le plus érudit. Nous sommes dans un concours de liberté à la rigueur, non pas de connaissance. La quête de liberté n'est pas nécessairement une quête de perfection.

Il n'est pas exclu qu'il y ait plusieurs modèles pour être libre. Dès lors, la vérité devient un concept assez peu pertinent. Sans en retourner à l'exercice du doute cartésien non plus, sinon il est impossible d'avancer, gardons à l'esprit que tout peut se renverser. Aujourd'hui j'ai une famille, rien ne m'assure que ce soit le cas demain. Aujourd'hui je peux vous citer Sartre, peut-être que demain je l'oublierai. Et c'est un bienfait que la vérité soit si instable, ainsi elle nous pousse à nous transformer. L'Homme est un éphémère papillon qui retourne dans une chrysalide tous les soirs, dessinant une nouvelle fresque pour le lendemain.

La vérité apporte de la liberté tant qu'elle ne se transforme pas en certitude. Churchill prévenait que « Pour s'améliorer, il faut changer. Donc, pour être parfait, il faut avoir changé souvent. ». Cette maxime, qui sonne un peu en philosophie de comptoir tant qu'elle fut répétée, est si peu appliquée. À juste titre, nous n'avons pas la même propension à la transformation à vingt ans qu'à cinquante. Beaucoup cessent de vivre trop tôt, en se contentant des certitudes acquises précédemment. Il est fort probable que nous décèlerions les secrets de la liberté plut tôt, si nous exploitions davantage notre existence. Il est compréhensible que nous abandonnions le combat, la routine, les cicatrices de trop de batailles, nous ôte l'envie, nous fait miroiter des envies d'apaisement. Il y a de la fainéantise, mais que la paresse est délicieuse dans un hamac sous un soleil de fin d'après-midi. Nous ne sommes plus capables peut-être de se surpasser après un certain âge, nos cellules sont en train de dépérir, on ne se régénère plus, alors comment se métamorphoser ? La vérité nous la déclinons au profit de notre vérité. On apprend aussi que l'Homme poursuit un rêve impossible, alors nous revoyons nos ambitions à la baisse. S'il vous plaît ne vivez pas à vingt ans comme si vous en aviez cinquante. Profitez de ne rien savoir pour tout apprendre. Une fois que vous aurez trop appris, il vous sera si difficile de déconstruire. Vous vous cacherez de votre reflet afin de ne pas voir la vérité en face, sachant que comme tous vos prédécesseurs vous avez échoué à la liberté. Les échecs sont les certitudes que nous pouvons le moins remettre en cause.

Il n'y a de vérité que ce que nous pouvons changer. La vérité n'est pas unique et toute puissante, elle est si diverse, si désinvolte, que si vous pensez savoir quelque chose, c'est que vous faites fausse route. La vérité n'est qu'un apaisement pour cesser de réfléchir. Affranchissons-nous de la vérité, même si nous risquons de nous tromper, nous découvrirons toujours l'exquise erreur.

Liberté d'expression

S'il y a un concept qui exclut toute vérité, c'est la liberté d'expression. Ce droit fabuleux qui me permet de dire que l'indifférence de l'ONU à propos des ouïghours est scandaleuse, sans avoir peur que l'on me tue. Tout du moins en France, si je mets un pied en Chine, il est certain que je serais déjà sous les verrous. La liberté d'expression est une liberté d'opinion, elle est fondamentale à ce que nous puissions vivre libres. Nous ne pouvons pas apprendre à être libres, nous l'avons déjà dit, ce n'est pas une leçon. Elle permet la diversité, l'échange, le désaccord, la remise en cause, et elle doit être garantie.

Notre époque, paradoxalement, est la plus propice à l'expression de chacun, et en même temps nous constatons des maux. Accepter que tous puissent donner leur avis sur les réseaux sociaux, c'est accepter que les idiots s'expriment. Il serait bon de ne débattre qu'entre esprits éclairés, mais là encore, qui peut-on juger éclairés depuis Voltaire et Rousseau ? Un médecin donnera un plan de restructuration de l'hôpital, qu'un économiste le contredira car financièrement impossible. Qui a raison ? Qui a tort ? Peut-on se fier uniquement aux spécialistes d'un domaine pour le régir ? Il faudrait en toute logique, sauf que faire ça, c'est empêcher la critique extérieure. Je ne connais rien en maçonnerie, mais si l'artisan me construit mon muret de façon bancale, j'ai le droit de lui dire qu'il ne connait pas son métier. Pourtant, je n'ai aucun savoir-faire avec une truelle. L'avis savant n'a pas l'air tout le temps d'être le bon avis. Un avis d'un expert en son domaine, peut, doit, être complété par des regards extérieurs. Tuer au travail des enfants dans les mines du Congo n'est pas un soucis pour un investisseur, cela le devient uniquement pour le service marketing qui s'inquiète de l'image que la marque renverra. Et oui, par moment, le consommateur aussi s'en offusque, il change alors du fil d'actualité de Facebook à celui d'Instagram pour voir de plus belles photos.

La communication est à son paroxysme dans notre monde contemporain. Les prochaines étapes vont vers de la réalité virtuelle, davantage d'intelligence artificielle pour nous connecter, ou la téléportation. Des avancées mineures au regard de tout ce que nous avons déjà accompli. Un des bienfaits de la mondialisation a été cette connexion, qui a permis de s'exprimer. Nous voyons davantage de choses, davantage d'informations, faisant que nous pouvons parler davantage. Au risque d'énerver les véritables experts qui doivent se heurter à des apprentis pensant tout connaître. Le peuple est plus instruit, alors il veut plus s'exprimer. Il n'a pas tort, sa voix est égale à celle d'un autre après tout.

Mais alors tout le monde a le droit de parler sur tout, et qui dois-je écouter ? Se forger un avis c'est bien, se forger un avis avec des informations correctes c'est mieux. Et la quantité d'information est devenue si immense, qu'il est nécessaire de faire un tri impressionnant pour séparer l'ivraie du grain. Ainsi, nous sommes obligés de vérifier plusieurs fois, auprès de plusieurs sources, avant de pouvoir tenir une affirmation. Sauf que nous ne le faisons pas toujours. Nous faisons trop souvent la confusion entre liberté d'expression, et la liberté de croire. Cette démarche est en fait inhérente à un travail journalistique, et vu que nous avons tous une caméra dans la poche, et un auditoire grâce aux réseaux sociaux, nous sommes tous devenus des journalistes. Il n'est plus étonnant dès lors que les professionnels de l'information doivent inventer des fakes news pour rendre leur contenu attractif. Tout le reste, en un tweet, un post instagram, une story snapchat, nous le savons.

La liberté d'expression est hors de contrôle. Normal, c'est une liberté. Toutefois, à l'échelle de faire respecter les égos, les sensibilités de chacun, elle en a besoin d'un. Le CSA en France s'efforce d'imposer des limites aux programmes plus que de garantir la liberté. Ces instances de contrôle sont plus souvent des instances punitives au lieu d'être émancipatrice. Ainsi, nous apprécions lorsque le CSA empêche la diffusion de programme pornographique avant une certaine heure. Cela évite d'exposer les enfants à des images obscènes, qui ne les pervertiraient pas attention, mais qui pourraient les perturber avec une image biaisée de la réalité. Le but de notre liberté ce n'est pas que l'on finisse à tous se surcharger de viagra pour bander et jouer au cirque dans un lit pour impressionner. Cependant, le CSA intervient pour interdire et non pas pour autoriser. Il faudrait un organisme contraire, un qui se placerait du côté des brimés, et qui les aiderait à diffuser leurs idées. Internet a été ce contre-pouvoir, au point que la génération des années quatre-vingt-dix ne regarde que peu la télévision. À la rigueur, le replay sur youtube. Mais internet aussi à ses dérives, et se veut de plus en plus restrictif. Facebook, Twitter, Instagram, Google, sont obligés par les Etats à mettre en place des programmes anti-fakes news. Comment un algorithme peut-il juger de la véracité d'une information ? Qui plus est, est-il pertinent lorsque son véritable objectif est de nous proposer de la publicité ciblée ?

Moi le premier, je suis agacé de devoir supporter les inepties de certains. Surtout quand c'est par bêtise pure. Cela fait perdre un temps précieux, peut parfois fausser notre jugement, ou pire encore nous empêcher de nous ouvrir. En effet, en cumulant trop d'idioties que nous balayons de suite sans les analyser, nous pouvons mettre de côté des informations précieuses, sur un jugement hâtif car cela nous paraissait trop gros. Nous ne manquons pas de liberté d'expression, elle est trop obstruée nuance. L'erreur est de penser que parce que nous pouvons tous dire quelque chose, que tout le monde a quelque chose à dire. Nous ne pouvons désigner des grands sages de la parole et suivre leurs enseignements, ce n'est concevable. Pourtant, nous manquons de repères intellectuels auxquels nous référer. Situation provoquée aussi par la métamorphose des médias qui essayent d'être des entreprises de rentabilité et non plus des médias. Faire de Zemmour son chroniqueur phare est un coup marketing qui va attirer de l'audience, est-ce que cela va permettre d'élever le débat ? Est-il une voix dissonante que nous devons préserver pour nous forger un avis propre ?

La solution a la liberté d'expression est dans le respect de nos interlocuteurs. Dans le cas des religions, où Charlie Hebdo excelle à repousser les limites de la critique, il faut être fin pour ne pas brusquer. Il est vrai que s'exprimer sans heurter sur ce sujet demande de la délicatesse. Ce n'est pas qu'il faut se taire sur la religion, surtout pas, mais pour en parler, il faut déjà savoir de quoi on parle. L'erreur de beaucoup d'athées est de s'attaquer à la foi, ou de ridiculiser des us et coutumes. Il n'est pas bien plus idiot de ne pas manger de porc que de fêter Noël sans être chrétien. À l'inverse, l'erreur des croyants est de ne pas supporter l'autodérision, au nom que leur mode de vie est divin. Si les uns doivent accepter la dimension divine, les autres doivent admettre qu'elle n'est pas universelle. Le précepte qui domine la liberté d'expression est le trop connu : ma liberté s'arrête là où celle d'autrui commence. En le complétant avec le fait que ce n'est pas uniquement une responsabilité incombant à celui qui prend la parole, mais aussi à celui qui écoute. Celui qui reçoit la critique, subit la parodie, doit dépasser une réaction d'égo, en s'interrogeant si lui-même ne pense pas avoir un monopole dérangeant sur le sujet. Un athée est en le droit de piquer un adepte sur des points, le croyant est en droit d'accepter que tout n'est pas Dieu aux yeux de tous. Nous ne pouvons imposer notre opinion, nous pouvons seulement la présenter.

La Technologie

Nous sommes destinés à devenir des cyborgs. Des êtres mi-humains, mi-machines. Nous chronométrons notre temps de course, nous ne nous fions plus à notre instinct. Nous vérifions notre savoir sur internet au premier doute. Nous commençons à rendre la vue aux aveugles grâce à la nanotechnologie. Nous greffons déjà des pacemakers, des assistants de cœur. À l'avenir, l'Homme ne sera pas remplacé par la machine, il fusionnera avec, il le fait déjà.

Dans cette perspective, l'Homme libre bénéficiera-t-il de la technologie ou s'éloignera-t-il de son idéal ? Nous devons faire le pari que oui. La technologie peut lui permettre de s'émanciper de certaines barrières physique déjà. Ce n'est pas que l'augmentation physique soit très importante, cependant s'émanciper de la mort ouvrirait des possibilités incroyables. Néanmoins avant d'en arriver là, nous pouvons évoquer les exosquelettes, ces technologies militaires en cours de développement augmentant les capacités du corps. Un Homme qui peut dorénavant faire des sauts de cinq mètres de haut imaginons, cela libère des espaces à la créativité, laisse entrevoir de nouveaux horizons. Nous avons battu des records dans l'usage de notre chair, demain nous les battrons par les machines. Les sportifs de haut niveau ont un contrôle sur tout de nos jours : nutrition, coach mental, récupération, entraînement adapté, et une multitude d'études statistiques. Demain, nous les équiperons comme des voitures de formule un. Les joueurs resteront les joueurs, mais pourquoi n'auraient-ils pas le droit à des puces greffées qui accroitraient la circulation électrique ?

Le progrès technique parait jusqu'à présent une obligation pour l'Homme. Depuis l'Antiquité nous avons l'impression d'avoir constamment évolué, pourtant ce n'est pas le cas. La civilisation Egyptienne s'est élevée à un niveau que nous n'avons pas retrouvé avant plusieurs millénaires. Il n'est pas improbable que nous allions vers la fin de notre civilisation comme tant de pessimistes le décrivent. Il n'y pas une logique toute puissante poussant vers notre évolution. Pour Hegel, l'Histoire a un sens général qui porte l'Homme vers son amélioration, malgré des chemins de traverse, des détours, des erreurs de parcours. Cette perspective est concordante avec notre désir de croire que l'Homme a pour mission un idéal de liberté. Nous pourrions l'accepter en soi, excepté le fait que l'optimisme exacerbé de cette vision suppose que nous allons réussir. Rien n'est moins garanti.

En outre, à l'heure où l'environnement subit le contrecoup de la technologie, comment pouvons-nous être sûrs que le progrès est bénéfique ? Le progrès que nous devons inventer est un progrès durable dorénavant. Cette doxa mérite d'être remise en question. Nous rabattons l'argument que nous sauvons le monde pour nos enfants, est-ce une bonne raison ? Sommes-nous persuadés qu'ils poursuivront nos efforts ? La planète est-elle nôtre ? Nous vivons dessus, il n'y aucun lien qui ne nous unit à elle. L'Homme pourrait vivre ailleurs s'il recréait les conditions nécessaires à sa survie. Plus j'avance, plus je me dis qu'il est trop tard pour guérir notre Mère, la solution n'est peut-être plus que dans le progrès. Essayons d'être respectueux de l'environnement afin de préserver le temps dont nous avons besoin pour coloniser. Depuis ma naissance, j'entends qu'en 2050 nous n'aurons plus rien. Soit je me dis qu'il est possible de transformer les mentalités et changer un système entier, soit je me dis qu'il faut se servir de ce qui est en place pour trouver des solutions. J'aimerais sincèrement qu'il soit envisageable de préserver ce que nous avons, mais ce n'est pas la logique capitaliste qui nous permet de vivre. Nous devons dépenser plus, consommer plus, investissons dans notre survie, des génies pervertis sauront la rendre rentable.

Accepter de ne plus progresser, de ne pas aller vers davantage de technologie, reviendrait à aller contre la nature de l'Homme. Nous avons déjà du mal à défaire des clichés sur les Allemands depuis 1945, que voulez-vous que l'on défigure toute l'histoire de l'humanité en trente ans. Nous sommes des monstres avec une faim insatiable. Et dans tous les domaines. Les conservateurs veulent revenir à avant, parce qu'ils pensent que c'était mieux avant, même cette démarche est fait dans le but de s'améliorer. Nous ne pouvons vivre trois siècles d'une exacte façon. Les conservateurs veulent revenir à un point où ils estiment que le monde s'est mis à dériver. En France, nous en revenons souvent à mai 68, cette fameuse fracture sociale. Nous sommes une race d'inventeur, cette caractéristique est notre seule force par rapport aux autres espèces. Deviendrons-nous plus libres à redevenir des animaux ?

Il n'est pas exclu que nous fassions fausse route depuis l'origine. Que la technologie nouvellement acquise ne soit qu'une erreur à surmonter, un détour pour nous apprendre l'humilité de ne pas être plus que ce que nous sommes. Aucune hypothèse ne peut être écartée. En un sens, il est assez enfantin d'imaginer qu'apprendre à voler fera de nous de meilleures personnes. Icare l'a appris à ses dépens bien avant nous, brûlant les ailes élaborées par son père en s'approchant trop près du soleil.

La technologie peut nous permettre de comprendre davantage le monde qui nous entoure. Comprendre, c'est s'approprier une donnée pour s'en servir à son profit. L'exploration des perspectives des mondes quantiques où les lois physiques sont si différentes des nôtres, ouvre des possibilités. Nous vivons dans un monde à trois dimensions, imaginez que demain nous puissions évoluer dans un univers à cinq dimensions, nous renverserions notre manière de penser. Les secrets de ce qui nous entoure ont été savamment dissimulés, s'approprier de nouvelles limites physiques reviendraient également à repousser des limites mentales. Cette affirmation d'Aristote « La nature a horreur du vide » était peu remplie de démonstration scientifique jusqu'à la découverte des atomes, des ions, et cet infiniment petit. Ainsi notre perspective s'est transformée, tout comme la découverte de l'ADN a promis que nous pourrions un jour avoir des enfants conformes à nos souhaits. Même si pour cette dernière éventualité ce sera les plus fortunés qui en bénéficieront. Si les évolutions technologiques permettent de révolutionner l'humain et sa façon d'être libre, ce ne l'est qu'une fois que ces inventions sont entre les mains de tous, auparavant cela reste une luxure, ou une arme de guerre.

Les dernières technologies sont toujours dans l'armement. La raison ? Parce qu'il est un domaine où on accepte de perdre de l'argent. Tirez un obus, vous ne créerez rien, il n'y aura pas la main invisible pour le rattraper et redistribuer ses bienfaits. Le principe est de perdre plus que de gagner pour une victoire finale. La recherche répond au même fonctionnement. Nous pouvons investir des milliards sans rien trouver, et un jour, un gamin dans sa chambre crée Facebook et révolutionne les rapports humains. Le budget de l'Armée Française est de plus de trente-cinq milliards d'euros par an. Une partie sert au réarmement, et surtout l'entretien des machines de guerre, une autre à la rémunération des soldats, et la dernière à la recherche militaire. Que recherche-t-on lorsque nous avons la puissance nucléaire ? Alors que les grands conflits se résolvent par dissuasion politique, en quoi la France a besoin d'investir dans des projets d'exosquelette pour les militaires ? Lorsque le peuple bénéficiera de ces technologies, il devrait se demander combien d'innocents ont été tués pour qu'il se divertisse avec dans un centre de loisir. La technologie est une production de l'intellect humain, et comme tout ce qui vient de l'Homme, il faut s'en méfier. Notre liberté n'est pas un droit à la destruction, ou à l'autodestruction.

La technologie peut être un leurre à l'acquisition de notre liberté. Elle semble tant être une passerelle vers le surhomme que ce pourrait être un piège. Il n'est pas nécessaire que nous devenions à moitié des machines pour devenir libre, il n'est pas sûr non plus que nous parvenions sans. Toute avancée est d'abord un flot non maîtrisé dont il nous faut des décennies pour exploiter le potentiel. Nous ne pouvons nous fier au progrès pour atteindre notre objectif. En définitif, il est parallèle à notre quête. Il nous suivra, il pourra nous aider, mais il est trop incertain de s'en remettre à lui. Nous ne savons ni s'il est sur la bonne voie, ni s'il est la bonne méthode pour devenir libre. Nous pourrions tout autant nous émanciper de ce monde par les voies de la méditation, ce ne serait pas plus choquant. La technologie a de rassurant pour l'Homme moderne qu'il peut la voir, la constater, se rassurer avec. Elle ne demande ni foi, ni croyance, ni véritable but métaphysique bien qu'elle puisse en être pourvue.

Nouvelle urbaine IV

Juline venait de remercier son amant. Un idiot qui pensait l'aimer. Elle s'en servait pour assouvir ses besoins en affection. Elle le lui avait dit, il s'attachait à croire que c'était une façade. Juline n'est pas le type de fille difficile à cerner en façade. Elle s'éprend de n'importe quelle paire de bras qui peut la réconforter. Ainsi à rechercher plus que tout à être protégée, elle n'a jamais rencontré l'amour. Enfin, c'est ce qu'elle se dit avec le recul de ses dernières histoires.

Le blanc bec qui sortit de son appartement était trop prétentieux et susceptible pour elle. L'opposé de cette fille aux cheveux caramels, dont les pupilles étaient proéminentes, gâchant presque son bleu. Les garçons pensaient qu'elle les aimait trop vite quand ils croisaient ces néons noirs. Alors en mâle flatté, ils tombaient amoureux. Juline s'attachait à eux, mais ne les aimait pas. Elle avait cumulé les historiettes comme si sa vie était « Risibles amours » de Kundera. L'un conservait son monopole six mois, l'autre une semaine ou deux. Puis elle repartait à la quête d'un homme qui la ferait vibrer. En désespoir de cause, elle avait songé aux filles. Mis à part une rencontre un soir d'été, la copine d'un ami, elle n'avait pas été ébloui par une femme.

Elle changea ses draps. Elle en avait des spéciaux pour les nuits avec ses amants. S'endormir dans les restes de sudation et de parfum, assez peu pour elle. Si cela lui arrivait, cela voulait dire qu'elle ressentait un peu plus. Alors elle se roulait dedans des heures, respirant chaque bout de tissu pour savoir si enfin c'était l'odeur de l'amour. Jusque-là jamais, l'amertume revient dès qu'elle les voit sortir de l'immeuble depuis sa fenêtre.

Depuis deux jours, elle échangeait avec un homme sur une application de rencontre, il lui proposa de venir chez lui. À cette période, un couvre-feu à vingt heures était fixé. Si elle acceptait, elle devrait passer la nuit là-bas. Un risque avec tous les fous qu'on pouvait rencontrer. Par inconséquence, elle fonça. Il avait une bonne discussion, avait eu la délicate attention de préciser qu'il avait deux lits chez lui si elle préférait, et puis le précédent lui avait fait mal à l'égo à être décevant de la sorte.

En bas de l'immeuble, l'homme vint lui ouvrir. Il était plus beau que la plupart de ses conquêtes. Cela ne lui garantissait nullement de coucher avec elle cependant, tout était question de feeling à défaut de sentiment. Il avait l'air sage sur ses photos, un air de bcbg qui avait plu à Juline. Une peu parce que ce n'était pas son habitude, un peu parce qu'il détonnait des bruns aux yeux marrons dont elle raffolait. Le garçon, un peu timide, a la mimique de boire des fonds de verre d'eau. C'est drôle. Il finit par se relâcher, et la conversation est assez vite fluide. Elle ne ressent pas la gêne de lui raconter quoique ce soit, lui non plus n'a pas l'air de se retenir. Pour lui faire comprendre qu'elle avait envie de l'embrasser, elle posa sa tête sur le rebord du canapé en le regardant intensément. Les yeux de biche qui doivent attirer le prédateur. « Fais de moi ta proie beau blond ».

Ils boivent du rhum ambré en grignotant des biscuits apéros. « Apéro en latin cela veut dire qui ouvre l'appétit ». Juline ressortait cette anecdote à la plupart de ses rencards. Tout ce qu'elle avait retenu en six ans de latin dans le secondaire. Son hôte avait quelques notions de latin, cette amusante étymologie lui plut. Il se retenait d'embrasser Juline, il n'allait pas tarder à craquer. Son deuxième verre bu, au détour d'une taquinerie sur l'âge de son invitée, il tendit ses lèvres jusqu'aux siennes. Il n'était pas trop mauvais, bien que Juline sourit trop pour garder ses lèvres pulpeuses.

Ils passèrent au lit, un fond de musique, une lumière tamisée. Juline ne ferait pas l'amour avec cet inconnu, son corps en avait décidé autrement, elle avait ses règles. Preuve qu'elle n'espérait pas grand-chose de ce rencard. Elle sauta à son cou dès que possible, trouvant dans les câlins son besoin d'affection. Sauf que cet homme, lui, n'avait pas besoin d'affection, il avait besoin d'amour. Un truc peu défini qui peut nous prendre en traître. Lorsque Juline posa sa tête contre son torse, il fit des allers-retours avec ses doigts sur son dos, qu'il accompagna d'un baiser qui semblait être une caresse. Qui embrasse quelqu'un plus de dix secondes veut l'aimer. Même si cet amour ne dure que dix secondes.

L'homme maniait les mots avec aisance, cela plaisait à Juline. Ils parlèrent de leurs précédentes relations, elle faillit pleurer, elle pleurait souvent. Il savait qu'elle était le genre de fille avec laquelle tout va trop vite, y compris la lassitude. « Je n'aurais pas envie de te baiser, je ne sais pas faire, je veux te faire l'amour. ». Elle savait qu'il était de ces hommes qui pensent comme des femmes. Elle a couché avec un, une fois, c'était bien sauf qu'il s'était attaché là où son amitié lui suffisait. Le spécimen qu'elle tenait était plus doué avec les mots, il était capable de lui dire qu'il ressentait quelque chose sans le lui dire. À son tour, elle s'essaya à des compliments sincères : « tu es vraiment très beau, en plus d'être une bonne surprise ». Elle n'avait pas eu à se forcer, elle avait l'habitude d'être clémente. Il aimait qu'elle lui dise ça, mais gardait une réserve sur la sincérité. Il ne lui faisait pas confiance. Ces transis de l'amour apprennent à se protéger avec le temps. Leurs sentiments pouvant disparaître aussitôt qu'ils apparaissent, ils se disciplinent à ne pas trop les exprimer.

Finalement, ils firent l'amour. Juline mit de côté Mère nature pour laisser place à la fille de Désir qu'elle est. Elle le trouva encore plus beau après l'avoir senti en elle. Les hormones sans doute. Une confidence échappa de ce grand sensible « Ca fait du bien de se sentir bien ». C'est vrai. Juline le ressentait aussi. Ils ne recouchèrent pas ensemble. Ils échangèrent jusqu'au matin. Il se permettait de corriger la manière dont elle se comportait avec les hommes, en lui disant qu'elle ne serait jamais satisfaite de la sorte. Peut-être avait-il raison. En tout cas, il acceptait tout ce qu'elle pouvait lui dire, le comprenant ou au moins en ne portant aucun jugement. Pas en se réfrénant de l'exprimer, non, juste il n'en portait pas.

Sur l'oreiller, au moment où le jour se leva et leurs paupières tombèrent, il lui fit promettre de ne pas se faire de mal. Elle donna son accord. Quel fragile ce garçon. C'était mignon. Quand elle se réveilla, il y avait des croissants sur la table. Une attention qu'on ne lui avait jamais portée. Elle fondit à l'embrasser langoureusement tout en le serrant fort. Il aurait dû s'étouffer le pauvre. Il estima qu'elle était trop collante et qu'elle aimait trop s'attacher pour un rien. Juline retrouva le goût du romantisme dans une bouchée de viennoiserie. Ils ne se promirent rien, et retournèrent au lit pour se refaire l'amour. Quand elle tomba sur lui après l'effort, les images continuèrent de défiler dans sa tête. « Tu as une façon bien à toi de faire l'amour ». C'était vrai, elle le pensait vraiment, ses précédents amants se ressemblaient dans leurs procédés, là c'était différent.

Les seuls moments où ils se turent furent les yeux plongés les uns dans les autres. Ils se regardaient comme des amoureux. Ce petit jeu était beau à voir. Ils ne pouvaient pas s'aimer toute vie, cela semblait évident, mais ils avaient déjà une journée pour s'aimer. Aux deux, ce n'était pas arrivé depuis trop longtemps, surtout pour Juline qui douta que ce eut existé seulement une fois.

Ils se taquinaient comme un couple marié depuis dix ans. La complicité était immédiate. Ils se comprenaient, ils s'aimaient. Juline sut ce jour-là ce que ça voulait dire, que ce n'était pas une légende. L'homme, cumulant les conquêtes par trop plein d'amour, retint la leçon de ce que vaut un amour. Il aurait beau essayer de recréer des alchimies avec certaines, tous les amours ne se valent pas. Juline ne se contenterait plus de l'affection des hommes, elle est si décevante en fin de compte. Elle réconforte, elle n'apporte rien.

La porte de l'appartement claqua en même temps d'un dernier baiser avec la promesse de se revoir. Ils ne se reverront pas. Tout le bien qu'ils s'étaient fait cette nuit prendrait trop de risque à être gâché par de nouvelles.

Les Animaux

Nous persévérons à démontrer la possibilité de la liberté pour l'Homme, est-il le seul à avoir cette idéal ? les animaux sont-ils vraiment seulement des supports à notre quête ? Ils sont des êtres vivants possédant une volonté propre. De ce constat, ils ne semblent pas moins éligibles à la liberté que nous. Certes, ils n'ont pas le même niveau d'intellect que l'Homme, sauf que rien ne dit qu'il faut être intelligent pour être libre. Dans une construction philosophique, nous voudrions que ce soit un processus à mener durant toute notre vie à travers notre enseignement. Dans le concret, nous n'en sommes pas certain. Il se pourrait que la liberté soit à portée de doigt, et que justement ce soit notre intellect supérieur qui nous empêche de l'atteindre.

Si à notre instar, les animaux sont soumis à leurs instincts, à leurs pulsions, à leurs besoins primordiaux, il se peut qu'ils soient plus libres sur d'autres plans. Qui dicte la conduite d'un lion ? Il suit la règle sociale de la meute, certes comme un humain se plie à la société. Ce n'est pas la même pression toutefois. Les constructions sociales sont moins complexes donc moins entravantes. Ils peuvent se focaliser sur l'essentiel : vivre. La liberté n'est peut-être que ça : vivre. Ce n'est qu'une fois que nous additionnons tous les méandres humains que la liberté semble lointaine. Si nous n'avions qu'à chasser et dormir, ne serions-nous pas plus libre ? Nos sacerdoces seraient moins lourds, nous pourrions passer notre temps à flâner. Libérés de la réflexion, nous serions d'office libres puisque nous n'aurions que des désirs primordiaux, donc avec une cause clairement identifiable. Devons-nous supprimer le nombre de question ou accroître le nombre de réponse ?

Cependant, tout le règne animal n'est pas que prédateur tout puissant. Il y a aussi les insectes qui répondent à des organisations d'une complexité absolue telle que les fourmis et les abeilles. Être une abeille m'a l'air d'être plus restreignant qu'être humain. Vous naissez avec une existence entièrement définie. Elle sera nettoyeuse, nourricière, magasinière-ventileuse, bâtisseuse, gardienne et enfin butineuse. Elle ne pourra pas sortir de ce schéma, sa vie d'environ deux mois, est réglé au millimètre. Suivre une trajectoire imposée dès la naissance sans aucun pouvoir de décision peut-on appeler cela liberté ? Est-ce que l'humain fait-il exception avec la reproduction sociale de Bourdieu ? Sur le papier nous pouvons devenir qui nous voulons, dans les faits beaucoup moins. Après nous jugeons cela comme une excuse à notre échec il me semble, comme si le système décidait tout pour nous. Il faut avouer qu'aussi une grande partie d'entre nous n'espère pas forcément beaucoup plus que ce qu'il a eu. Certains amis estiment avoir bien réussi leur vie à deux mille euros par mois, d'autres penseraient avoir échoué à ce salaire. Ce qui les différencie n'est pas l'ambition, plutôt le niveau minimal de vie qu'ils acceptent et qu'ils essayent d'acquérir. Les animaux n'ont pas ces préoccupations. Une existence bestiale est réussie à partir du moment qu'elle existe. Assurer la continuité de l'espèce est un instinct, je ne pense pas qu'un éléphant soit terrorisé de ne pas avoir de descendant. Tandis que l'Homme est un être qui vit pour la gloire et le souvenir de sa personne.

L'humain intellectualise tout, y compris ce concept si flou qu'est la liberté. L'animal a la liberté d'être libre ou les chaînes de ne pouvoir avoir la conscience de s'en affranchir. On essaye de se rassurer en se disant qu'on ne peut être libre que de ce que nous contrôlons. Il parait vain de se résoudre à pouvoir tout contrôler. Dès lors nous retrouvons le déterminisme, qui veut que tout soit déjà décidé, que nous n'ayons pas le choix. Retournons l'équation, pensons comme des animaux.

Le Chaos

S'il n'y avait rien, nous serions libérés de tout. Pas de prison sans murs. Ce livre serait beaucoup plus bref. Ce chapitre contiendrait tout. Si ce livre pouvait exister dans le chaos le plus total. Nous ne sommes esclaves que de ce qui nous constitue. L'Homme est un amas de débris qui voudrait devenir une sculpture d'art contemporain.

Dans le noir, nous sommes souvent plus clairvoyant. Les éléments de l'univers nous éblouissent à longueur de journée. Qui a eu l'idée de mettre des étoiles la nuit ? Respectez que nous voulions l'obscurité. Comme deux corps qui font l'amour sans se voir élaborent une alchimie nouvelle pour se comprendre, nous pourrions revoir nos formules dans un vide infini. La gravité des autres planètes nous gênerait, nous ferait voyager de champ magnétique en champ magnétique, un faux mouvement puisque nous n'irions nulle part. Ce retour à l'état de nature le plus pur, permettrait d'élaborer une pensée nouvelle. Lorsque nous faisons l'exercice du doute cartésien, nous déconstruisons les mêmes formes, et nous en sommes imprégnés dans notre résurgence. Si un Homme était une feuille blanche, une vraie. Une qui apparait directement en sortie d'usine, mise sous cloche jusqu'à ce qu'il puisse penser. Nous pourrions observer l'élaboration de systèmes inédits. Dans son chaos, il créerait sa lumière, sa liberté, et personne ne pourrait le contredire. Sa pensé serait une et autarcique, un système fermé qui se suffirait à lui-même. De notre côté, nous subissons trop d'influence, d'interaction pour pouvoir frôler cette pureté du néant.

Le rien est une liberté que nous ne pouvons plus nous permettre. Il est trop tard. Nous avons englué notre pensée de livre, de savoir, de raisonnement… Revenons à notre état de pureté. Ne faisons plus acte de ce que l'on nous a appris. Contentons-nous de nous liquéfier dans la matière noire de ce monde. Nous ne saurons plus si nous sommes vivants ou morts. La notion même de volonté sera devenue abstraction immense, nous n'en aurons plus. Si nous n'avons plus de volonté, nous ne sommes attachés ni à vouloir, ni à choisir, ni à devoir être libre. Cette liberté première qui est de n'être rien.

Ce mal qui nous touche depuis des millénaires qu'est la nécessité d'exister, a toujours fini par nous tuer. Pourquoi se résoudre à en profiter ? Parce qu'elle notre seule option ? Il est vrai que voilà son unique argument. Elle n'a pas besoin de plus. Nous aurions dû nous éloigner de la vie quand il en était encore temps. Les choses ne sont libres que quand elles ne sont pas. Un couple est beau à voir tant qu'il n'est pas marié. Une peinture est tellement plus pastelle et minutieuse dans l'esprit de son artiste. Pour résumer la suprématie du néant, j'en appelle à Maulpoix qui écrit « l'inspiration est feu, l'écriture est glace ». Une flamme peut être perennelle, elle peut résister à la pluie si son brasier est suffisamment ardent. Tandis que même les glaciers éternels sont en train de fondre. Le Tout est dans le Rien.

La liberté est dans le rien. Ne rien posséder, ne rien avoir, ne rien penser, ne rien vouloir, n'être rien. Notre âme ne serait que la scène d'expression d'un chaos. Nous serions un théâtre à l'expression du monde. En se refusant à le maîtriser, à le contrôler, à en faire partie, tout nous traversera comme nous tranchons l'air. Ne dit-on pas libre comme l'air ? Les étiquettes dont nous avons du mal à nous défaire, sont une limite par essence, et pour les supplanter il faut être un chaos innommable.

À défaut de pouvoir revenir à cet état chimique premier, essayons de n'être rien chaque jour. Pas devenir banal, pas s'efforcer de rentrer dans le rang, d'être un employé de bureau chiant à mourir. Soyez un courant d'air, dont on ne connait ni la provenance ni la direction. Vivez invisibles afin qu'on ne parvienne à vous mettre une étiquette. Faites-vous passer pour un séducteur, puis mariez-vous le lendemain et soyez fidèle. Mangez comme un lion, jusqu'à ressembler à un bœuf, tout en donnant des cours de diététique. Ce genre d'oxymore quotidienne peuvent nous sauver d'être quelque chose, et nous aider à devenir quelqu'un. Un Homme n'est qu'un chaos organisé. Reposons-nous sur une petite phrase de Charlie Chaplin « Du chaos naît une étoile ». Nous pouvons tous devenir des étoiles, à condition de cultiver notre chaos.

Le chaos n'est pas que l'extrême, n'est pas le désordre. Le chaos c'est la légèreté de choses dont ne saisissons pas la logique. Nous en avons besoin pour être libre. Déjà parce qu'il nous faut accepter de ne pas tout maitriser pour être libre, et que tout ce qui n'est pas sous notre mainmise. Je vous assure qu'il y a si peu de choses que nous pouvons contrôler. Nos émotions sont les premières à nous désobéir, alors qu'elles sont notre essence profonde. Se plier au chaos n'est pas une faiblesse, n'est pas un acte de soumission non plus, le chaos n'est pas un maître. Le chaos devient ordre, règle, loi, à peine l'érigeons-nous en commandant de notre vie. Le chaos est une forme de liberté destructrice, qui ne peut ni être ordonnée, ni dictatrice. La seule chose qui manque au chaos pour que nous puissions copier son modèle, c'est la volonté. Nous sommes volonté, comme le défendait Schopenhauer. Le chaos est l'opposé, il n'a tellement pas d'âme propre, qu'il ne peut être soumis à rien. Imitons-le de loin pour comprendre ses bienfaits, ses mécanismes, ne nous faisons pas engloutir dans sa gueule béante.

Léviathan impétueux qui nous impose ses lois, son organisation, ses caprices, sa violence légitime. Tu ne nous avais pas prévenu que tu saurais te montrer tyran pour sauver tes intérêts, toi qui pourtant devais partager les mêmes que nous. Nous avions signé un contrat avec toi. Chacun donnait une part de sa puissance personnelle, et nous enfermions ce tout en un coffre-fort : toi. Muni d'une telle puissance, celle de tous pour un, tu devais faire respecter le un pour tous avec justice. Cela ne date pas de la démocratie. Nous t'avons invité à notre table de toutes les manières : oligarchie, monarchie, empire, dictature, suzeraineté… Et toutes ces formes vides, nous avons dû les réprimer à cause de ta dérive.

De l'esprit des lois tu devais être le garant, je n'ai l'impression que tu n'es bon plus qu'à t'admirer. Je ne te vois plus agir. Dans les démocraties, tu t'offres comme une putain à celui qui a le plus de billet. Avec les régimes autoritaires, tu complotes pour préserver ta place. Toi, construction suprême de l'Homme, tu t'acoquines avec ses détracteurs. Malheureux que nous sommes de ne pas pouvoir te remplacer. Tu es une ingrate création trop précieuse pour que nous nous en passions. Sinon la loi du plus fort l'emporterait de suite, autant que l'on trépasse en connaissant l'identité de notre bourreau.

L'anarchisme pourrait séduire les libertaires que nous sommes. Nous avons trop peur de ce à quoi pourrait rimer ce relâchement de bride. Maintenir sous ta menace les Hommes est notre moyen de préserver l'ordre. Il est imparfait, peu satisfaisant, il fonctionne à peu près, encore que pas de partout sur Terre. Lorsque nous avons pris conscience du pouvoir que nous t'avions accordé, il était trop tard pour faire machine arrière. Tu étais assis sur le siège de l'Histoire, il aurait été trop long de déconstruire des milliers d'années d'autorité. Nous ne voulions pas détruire l'une des rares choses que nous étions sûrs d'avoir bâti et qui avait su nous survivre. Il était passé le temps de l'anarchisme, lorsque nous l'avions, nous n'en avons rien fait. Peut-être parce que nous n'avions pas conscience de notre chance, peut-être parce que tes écailles nous ont paru plus robustes que nos peaux d'humains.

Tu as su t'appuyer sur des alliés puissants : Hobbes, Rousseau, Montesquieu… Des généraux dont l'intellect supérieur endigue le débat. Puis, ton préféré, celui qui t'a mis au rang de Dieu : Marx. Lui, qui pour l'égalité de tous, voulait que tout soit régi par toi. Tu avais les pleins pouvoirs ! Tu étais enfin le tyran suprême ! Sauf que tu fus assez peu délicat dans la manière de gouverner sans notre contrôle. Tu tuas, pillas, étranglas, assassinas, et agis par tous les vices que nous connaissons par cœur. Quelle idée de croire que des mains humaines pouvaient créer un être qui ne leur ressemblerait pas.

Nous avons tenté de cohabiter avec toi en te mettant le plus de côté. Bien que pour cela, il fut que des personnages te reprennent en main sévèrement tel Thatcher ou Reagan. Ils n'étaient pas si mal partis pour nous libérer de ton emprise. Ils voulaient te détacher de notre survie, te chevaucher pour s'assurer que tu n'empiètes plus sur nos champs. L'intention était louable, empreinte de liberté. La réalité fut que ton absence provoqua davantage d'inégalité, accrut les écarts entre les Hommes. Nous n'avons plus de Dieu, plus de religion, toi avec ton encolure mythologique, tu es la dernière légende commune. Nous ne te voyons peu déployer tes ailes, cela dit, cela arrive plus souvent que ce que nous supputons. Malgré ton penchant à être séduit par d'habiles rhétoriqueurs, tu sais aussi te rebeller contre. À tout moment, le peuple peut révoquer celui ou ceux qu'ils ont désigné pour diriger tes flammes. Certaines révolutions peuvent se mener à travers des urnes, d'autres peuvent vous faire finir dans une urne. Dans tous les cas, le pouvoir est toujours révocable à un usurpateur.

Aujourd'hui, je te défie pourfendeur des eaux. Je veux être libre ! Et ta volonté m'est trouble veux-tu me sauver ou me réduire en esclavage ? Certes grâce à ta puissance, tu imposes un respect qui garantit bon nombre de liberté en société, mais je me fiche de celles-ci. Je veux être libre ! Si je prenais ta tête, tu ne m'empêcherais plus de faire quoique ce soit en théorie. Combien d'année perdrai-je à te contrôler pour qu'à peine assis sur ton encolure, un autre ambitieux ne me plante sa dague entre les omoplates ? Qui plus est, je ne serai libre que d'être le plus fort, ce n'est pas ce que je désire. Ma quête est individuelle, mais ne doit pas se faire aux dépens d'autrui. Nous t'avons tous donné un, tu nous dois à tous un. Tu prétends avoir le monopole de la violence légitime serpent, descends dans la ruelle, tu verras qu'il n'y a pas que toi qui frappe fort. Tu n'obéis qu'à toi-même. Le bien commun n'existe pas, personne ne veut la même chose, tu décides à notre place en fonction de qui t'alimente.

Il y eut des époques où tu t'es gavé de petits fours après le caviar. Tu n'as eu aucun scrupule à manger dans la main de ceux qui te graissaient la patte. Les premiers Hommes ont conclu un marché avec toi, sentiment que tu ne sers que les premiers hommes dorénavant. Ma confiance rime avec méfiance à ton égard. Il n'est pas certain que tu saches ce que tu veux et ce que tu dois. As-tu une volonté propre ? Es-tu seulement la création de l'Homme ? J'ai peur que tu ne sois qu'un instrument. Si seulement tu étais bien ce monstre et non pas une illusion, nous aurions pu revoir les termes du contrat. L'impression que tu as été créé avec le restant de pièces rouillées des régimes précédents.

Tu garantis ma liberté d'expression, avant de m'envoyer au tribunal pour avoir dit ce que je pense. Tu es un juge, non pas une bombe nucléaire. Nous n'apprécions pas vivre sous la menace, et tu ne veux pas être menacé. Nos rapports sont dès lors une lutte de soumission. Je n'ai pas envie de jouer selon tes règles. Ma vie, mon jeu, mes règles. Par ta manière punitive de nous apprendre à cohabiter dans la société, tu alimentes la violence. Elle n'est pas plus légitime que le désespéré qui prend les armes pour sortir de son désespoir. Nous t'avons inventer pour éviter la loi sauvage, à quel moment la loi n'est-elle pas sauvage ? Tu es un dragon dont tout le monde peut prendre les rênes, tu n'assures que ta survie.

Il aurait fallu que je te voie sortir plus de gens de la misère pour croire en toi. Tu ne travailles que pour l'équilibre. Des pauvres, des riches, des minorités, une majorité, tu as besoin de ces opposés pour nous stabiliser. Selon toi, reptile, qui a le droit d'être libre ? Je te pose la question car tu décides de tout. Ton rêve ultime est de tous nous contrôler. Ainsi, un monde parfait pourrait émerger. Nos destinés écrites à l'avance tu atteindrais à un équilibre parfait. Nous ne t'avons pas engendré pour que tu nous fasses vivre l'égalité, mais la liberté. Tu te trompes de mission dragon. Au lieu que ton feu soit dirigé contre ceux qui repoussent les limites, tu devrais souffler avec eux. Avec toi à leurs côtés nous nous heurterions plus vite à ce que nous pouvons dépasser. Cesse d'essayer de nous faire croire au bonheur et à l'immobilisme, tu es terrorisé qu'un jour nous te détrônions.

En vérité, tu agis comme une mère protégeant ses petits. Nous ne sommes pas des œufs, sale vivipare, que dans nos têtes que nous sommes en incubation. Ne nous couve plus, tu nous écrases, relâche-nous. Merci de nous avoir élevés, jusqu'à présent tu as été la meilleure des mères. Comme tout enfant, nous avons à tuer nos parents pour devenir adulte. Tu n'as plus les épaules pour nous porter, et cela fait trop longtemps que nous te servons de canne. Les firmes transnationales, les GAFA, le système bancaire ont sapé ton autorité depuis la seconde Guerre Mondiale. Tu ne peux plus rien dire, tu voudrais nous protéger, par moment du moins, tu n'en as plus la force. Ils te contraignent dans tes choix en menaçant de ne plus t'abreuver, et que tu ne puisses plus nous allaiter ensuite. Nous sommes grands, nous pouvons mener nos combats seuls. Désolé de te le dire, tu nous gênes plus que tu ne nous aides. Avec ta forme titanesque, tu caches les véritables monstres, tu nous empêches d'haïr les bonnes personnes. On ne croit plus en toi car tu as trop souvent porté le masque de celui qui tue, alors que tu n'es qu'un bourreau appliquant les sanctions décidées par d'autres.

Nous ne t'abandonnons pas, au contraire, je veux te sauver. Tu dois redevenir cette figure tutélaire qui permet à ce que nous soyons libres. Des horreurs venues des enfers ont supplanté ton pouvoir. Elles se rangent derrière toi pour être sûres que nous restions tranquille dans nos niches en préfabriqué. Elles abusent de notre confiance en toi, de la sorte nos relations se dégradent et nous oublions à quel point nous avons besoin de toi. Tu es notre mère, celle qui unit notre famille, celle vers qui nous retournons toujours lorsque le chemin est trouble. La liberté n'est pas une mission facile tous les jours, nous ne pouvons pas tout remettre en question en permanence. Tu es ce socle sur lequel nous pouvons nous appuyer pour avancer, ce faux cadre qui nous permet de ne pas s'égarer totalement. Ces institutions privées qui te supplantent se jouent de nos sentiments pour toi et nous poussent à l'affrontement, alors qu'elles n'ont pour but que de nous faire consommer. D'eux nous sommes les clients, de toi nous sommes les enfants. Ils ne voudront jamais faire de nous de meilleures personnes. Nous protestons contre toi pour une limitation de vitesse, pour l'interdiction de la vente libre de médicament, de cet administratif insupportable. Il est vrai que ce sont des petites limites qui nous enquiquinent, dont nous voudrions être débarrassés. Il est certain que tu penses à une échelle plus grande que « à quoi ça sert d'acheter des voitures avec 150CC, si c'est pour rouler à 80km/h ? ». Notre bêtise est un affront. Tu essayes de faire de ton mieux, malgré l'emprise de celui qui te gouverne durant un quinquennat.

Féroce bête à l'amour maternel, mets-toi sur le côté, nous reviendrons te voir lorsqu'il le faudra. Tu n'es plus ce qui nous menace, tu n'as plus la force de nous blesser, nous ne te craignons plus. La silicon valley, la bourse de Londres, l'industrie chinoise, possèdent davantage un droit de cuisage sur nous que toi. Ce n'est pas normal, laisse-nous mener ce combat, ne t'interpose pas s'il te plaît. Peut-être sauras-tu te ranger de notre côté dans cette bataille. Ton souffle de feu et de glace serait un atout de poids, je ne le néglige nullement. Il n'est pas sûr que tu puisses prendre parti. Ils ont le pouvoir de te crucifier, bien plus encore que nous ne pourrions l'avoir.

Tu étais le maître à qui nous avions confié chacun notre part de puissance. Ils sont ceux qui nous ont volé notre puissance en nous rendant dépendant. Tu étais le destinataire, ils ont pris en embuscade la diligence qui transportait notre présent pour ta personne. Cela s'est produit car nous avons cru ces vilains, dont nous ne connaissions l'identité, qui nous ont conseillés de prendre la route à travers la forêt parce que soi-disant le pont s'était écroulé. Ni une ni deux nous nous sommes retrouvés attachés à un arbre, bâillonnés, ne pouvant t'appeler à l'aide. Alors lorsque tu les vis devant toi, t'offrir ce que tu désirais, tu décidas de leur accorder ta confiance à eux plutôt qu'à nous. Une machination qui a rompu le lien qu'il y avait entre le peuple et toi, l'Etat. Il y a trop d'intermédiaire, d'intérêts personnels entre nous pour que nous puissions avancer dans la bonne direction : vers notre liberté.

Nous savons comment tu réagis dorénavant lorsque nous te contestons : tu prétends la sécurité. Je ne t'aime pas quand tu agis comme ça. Nous t'avons confié le bien commun, personne n'a dit que le bonheur c'était simple et sans risque. Tu devais mettre en place les meilleures conditions pour nous permettre de faire nos choix librement. Au lieu de cela, tu restreins de plus en plus. Les caméras dans les villes, nous ne savons si c'est pour nous prémunir du danger ou si c'est pour mieux nous punir. Il faudrait que tu agisses pour qu'il n'y ait pas d'agression, non pas pour mieux les réprimander. Dépense moins dans des caméras, donne plus aux associations de sensibilisation, nous aurions moins de filles violées.

À l'avenir, nous aurons besoin de toi, que tu renaisses de tes cendres en phénix, pour le moment, il me semble que tu nous gênes. Il probable que tu ne disparaisses jamais, mais tes entrailles sont de plus en plus pourries. Elles fondent par l'action de ton propre acide, tu n'es plus qu'une coquille vide attendant que l'on abrège ses souffrances. À bientôt.

Nouvelle urbaine V

Les tambours donnaient le rythme du cortège comme ceux qui devaient animer l'armée d'Hannibal. Tout du moins, c'est comme cela que le ressentait Juline. Les chants de protestation lancés par une petite brune à lunette via un haut-parleur étaient repris par les manifestants en chœur. « Le climat pour le changer, c'est vous qui devez changer ! ».

Juline n'avait pas pour nature, au vu de son milieu social, de marcher dans la rue. Au contraire, elle aurait dû s'offusquer de l'inaction du gouvernement autour d'une tasse de café, à une terrasse beau chic beau genre. Elle ne supportait plus de ne pas être active dans ce qui l'entourait. Il lui fallait agir. Ce n'était pas tant parce qu'elle était une défenseuse de l'environnement qu'elle était là. L'origine était juste le fait de pouvoir réclamer à ce que sa liberté soit mieux ordonnée. Les politiciens ne lui avaient jamais inspiré confiance, elle voulait qu'ils se soumettent à ses désirs, non plus que ce soit l'inverse.

Autrement dit, elle ne manifestait pas pour la cause, elle s'élevait contre le système. Hors de question qu'elle le suive les cinquante prochaines années sans vouloir le changer. Ce samedi, ce aurait pu être une marche contre le sexisme, contre le racisme, pour les droits des réfugiés, pour le droit à la GPA, elle serait sortie soutenir la cause. Elle ne l'avait jamais fait. « Ca fait du bien de dire ce qu'on pense, même si je ne partage pas tout ce qui se dit ».

Entre une militante qui ne devait plus se laver pour économiser l'eau et un garçon dont la barbe possédait son propre écosystème, Juline avait du mal à se sentir à sa place. Tous n'étaient pas si caricaturaux de l'image renvoyée par le JT de vingt heures, mais il y avait quelques spécimens, avoua-t-elle. Elle était différente de ces gens et partageait leur lutte. « Dingue, comme nous sommes si éloignés et si proches ! ». Elle savait qu'en discutant avec eux, ils se trouveraient des milliers de désaccord sur la façon de faire, et c'est pour cela que la démocratie ne fonctionnait pas selon elle.

Un pétard éclata. Ce qu'elle appela un pétard était en réalité un tir d'un mortier artisanal. Le coup avait été dirigé vers le fleuve. Il n'avait pas pour but de faire des victimes, juste du bruit. Les forces de l'ordre, déjà présentes, foncèrent sur les manifestants. La masse ne pouvant être confinée sur la place principale, des heurts éclatèrent entre les CRS et les corps qui ne pouvaient se laisser écraser sans rien faire. Juline ne décidait plus d'où elle allait, elle était entrainée comme dans la fosse d'un concert. Ainsi, par ce jeu du hasard, elle se retrouva en première ligne, étouffée contre les boucliers anti-émeutes. N'ayant pas l'habitude d'être du côté de la rue, elle ne sut réagir, elle se laissa mourir contre les plexiglass, à la fois repoussée d'un côté et appuyée de l'autre. Un bélier, elle n'était qu'un bélier pour les autres manifestants qui faisaient bloc derrière elle, se servant de son corps pour faire résistance aux CRS. Ils aurait un peu plus de pitié devant une femme aux cheveux caramels, ces gros machos. Cela ne dura pas. Un coup de matraque sur le crâne de Juline, elle se releva et asséna un coup de clef mécanique à un policier. D'où sortait cette clef à molette ? Elle ne le sut jamais. En revanche, la garde à vue qui devait suivre, elle la connut bien.

Embarquée par un cortège de policier, elle ne cessa de se débattre. Le coup sur la tête ne lui avait pas remis les idées en place, au contraire, elle ne fit qu'enrager. Elle gueula, beugla, hurla, comme si la nature l'avait faite bête et non humaine. Était-elle traitée autrement ? Non. À l'arrière du camion qui l'emmenait à la gendarmerie, elle se tut enfin. Essoufflée d'avoir crié tout son saoul. Que faisait-elle ici ? Elle n'avait jamais désobéi, ni violemment, ni civilement. Sa seule faute était d'avoir été prise entre deux feux, et d'avoir demandé à ce qu'on la relâche de cet enfer.

L'autorité lui parut soudain être un affreux concept. Autant quand elle n'en était pas la victime, elle la soutenait et en faisait une valeur forte, maintenant elle lui semblait injuste. Qui étaient ces hommes qui pouvaient faire d'elle ce qu'ils souhaitaient ? Rien de bien supérieur à Juline, rien de bien moins. Une égalité apparente. Elle avait un bleu sur l'épaule et un sur la pommette. Une quinquagénaire assise en face d'elle, lui dit qu'elle n'aurait qu'à se mettre plus de fond de teint les prochains jours. Les prochains jours ne serait-elle pas en prison plutôt ? Elle avait perdu tout sens rationnel, elle tenta de se ressaisir en conversant avec cette dame. Sa manière de se tenir dans le camion lui sembla être un signe d'habitude, elle ne tremblotait pas comme Juline.

Cette enseignante de français, bercée à la ferveur de mai 68, expliqua à Juline ce qu'elle avait besoin de savoir. « Surtout ne dis rien, tu t'en sortiras bien mieux si tu ne sais rien ». Conseil facile à appliquer, puisqu'il était la stricte vérité. Juline n'était venu que par curiosité, elle était une partisante lambda, avec un casier judiciaire vierge, inscrite dans aucune association. Ils ne pourraient pas retenir grand-chose contre elle. Une fois placée en garde à vue, elle n'aurait plus qu'à attendre sans se soucier d'un potentiel jugement.

On lui prit ses empreintes, lui ôta ses bijoux, lui posa des questions auxquelles elle n'avait pas de réponse, puis on l'emmena en cellule.

Là, au sol, elle redécouvrit l'ennui. Ils étaient nombreux à avoir été embarqués, la plupart discutaient entre eux pour passer le temps. Les sujets de conversation flottaient autour de la surpuissance de la police en France, de l'atteinte à la liberté de manifester si à chaque fois il y a des arrestations. Puisque c'était une journée normale, il y avait aussi des petits dealers, et deux gamins qui avaient volé un scooter. Scène mémorable que de voir un commercial en cigarette partager son avis avec un revendeur de shit. Au pied du peloton d'exécution, on se découvre tout un tas de point commun, autre que celui d'être condamné. L'image est excessive, ce n'est qu'une garde à vue, il n'y aura rien de tout ça après.

Juline en retrait compte ce qu'elle peut compter : le nombre de jeans, le nombre de trait sur le mur, le nombre de marque d'usure sur le sol, le nombre de seconde qu'il faut pour traverser la cellule. En somme elle ne compte plus sur rien pour tuer le temps.

« Vous ne passerez pas tous la nuit ici, on va vous appeler au fur et à mesure. ». Décision surprenante, puis avec le recul Juline comprit qu'ils ne devaient pas avoir le droit de les entasser de la sorte pour les faire dormir. Elle n'y connaissait rien en condition pénitentiaire de toute façon, ce n'était que supputation.

Ils l'appelèrent en troisième position. Avant elle, un diabétique et une bénéficiaire d'une allocation adulte handicapée, sans qu'on ne connaisse son handicap, furent relâchés. Une fille aux cheveux caramel avec zéro passif carcéral, associatif, militant, était donc remise en liberté après les plus compliqués à garder en cellule. Les flics sont flics, pas infirmiers, ils ne veulent pas d'ennui pour un mauvais dosage d'insuline.

Juline ne garda que peu de souvenir de cette journée, même sa « sortie de prison », elle oublia aussitôt les papiers qu'elle avait dû signer, et le sermon de l'agent. En revanche, ce qui lui resta en mémoire est cette sensation de l'air sur son visage. Une petite bourgeoise dans son genre venait de vivre son plus grand interdit, son plus grand conflit avec l'Etat, un traumatisme à son échelle. Risible aventure, elle se crut dans « Le dernier jour d'un condamné », alors qu'elle était dans une misérable nouvelle d'un inconnu. Elle comprit ce jour-là qu'être libre n'allait pas de soi, que pour mille prétextes, nous pouvions finir dans une geôle. Plus la raison est conne, plus il est probable que vous y alliez d'ailleurs. Il n'y a qu'à comparer les peines pour les pédophiles avec celles pour les vendeurs de drogue.

Elle vécut le mois qui suivit avec une espèce de peur qui pouvait l'emmener dans un fourgon à un coin de rue. Il suffit qu'on la pousse, qu'elle renverse un gendarme, qu'elle bégaye au moment de s'expliquer, et sa liberté se retrouvait derrière les barreaux. Juline n'allait plus acheter son pain sans penser qu'on lui accorderait un privilège. L'espace public devint une place dangereuse car à cet endroit où elle se pensait libre, elle était sous la surveillance perpétuelle des lois. Elle sortit de moins en moins, se réfugia sur internet. Ses aventures d'un soir n'avaient plus le droit de l'inviter au restaurant, au cas où que l'homme soit marié, l'adultère est un délit, on aurait pu l'embarquer pour cela. La paranoïa ne cessa de croître. Elle demanda un arrêt maladie pour ne plus se rendre au travail, et à terme obtint d'exercer à distance. Ses courses lui étaient livrées en échange de quelques euros, elle avait trop peur qu'on lui vole sa liberté, elle préférait la confiner.

Si le refuge des réseaux sociaux fut une alternative convenable au début, cela ne dura pas. Sur internet, ou dans la rue, la menace de recevoir une amende ou un mail était similaire. Elle quitta l'ordinateur, se sentant espionnée, ce qui est vrai, elle n'osait même plus acheter des livres sur la Fnac. « Imagine qu'ils voient que tu es fan de Céline, ils pourraient te mettre en prison pour antisémitisme. ». Ses journées se réduisirent à attendre. Elle ne fit plus les courses, parce qu'il fallait utiliser internet. Elle attendit longtemps sous la couette de son lit. Bien plus qu'en garde à vue. Elle ne tira plus le store. Elle n'ouvrit plus les yeux. Elle se contentait de dormir. Non pas ce sommeil récupérateur et profond, oh non, lui, elle n'en avait pas besoin, mais ce sommeil paradoxal où le cerveau est actif et dérive avec plus ou moins notre conscience. « Dans cet espace personne ne peut m'empêcher d'être libre, personne ne peut me la voler. ».

Dans son pays des songes, rien ne garantissait la liberté, autrement dit, rien ne pouvait la lui ôter. Alors, elle rêvassa en silence jusqu'à ce que ses pensées se taisent.

La Révolution

La révolution est le réveil d'un peuple soumis. Un peuple qui n'est plus le maître de sa destinée, dont le contrat avec l'Etat ne lui profite plus. Il est évident que si la Révolution française a mis à terre la monarchie, ce n'est pas que cela. Les anglais vivent en monarchie et tiennent fortement à ce que cela ne change pas. Si le contrat entre peuple et le dépositaire du pouvoir est convenable, il n'y a pas de révolution. La révolution est un moyen de reconquête de ses libertés. Lorsque le système ne peut être changé de l'intérieur, il faut dès lors le renverser, repartir sur des bases nouvelles.

Mais à quel point peut-on être sûr de gagner en liberté en renversant le régime actuel ? La garantie n'existe pas, nous pourrions nous tromper, ou tomber dans un régime comme la Terreur de Robespierre, largement pire que le règne de Louis XVI. Au vu des risques encourus, on ne s'embarque pas dans une révolution n'importe comment. Au-delà du coût humain qui ne rebute que peu les plus déterminés, il y a ce risque de perdre plus que de gagner. Le contrat doit être jugé particulièrement défavorable avant d'en venir à cette extrémité. Parce que oui, la révolution est l'extrémité, la dernière chance, si nous avons recours à elle, c'est que rien d'autre n'est possible. En cela elle est mesquine. Etant cette arme ultime que le peuple peut dégainer, il peut s'enfermer dans la dichotomie suivante : soutenir le régime ou le renverser. Dichotomie fortement appuyée par nos responsables politiques. Comprenez qu'il est plus sexy de dire que l'on va changer les choses, qu'on va révolutionner le système une fois au pouvoir, plutôt que de s'avancer sur une estrade pour dire « Ce n'est pas si mal dans l'ensemble, on retouchera les problèmes mécaniques par-ci par-là, mais globalement ça fonctionne donc bon. ». Le droit de manifester n'existe d'ailleurs que pour éviter que le peuple n'en vienne à la révolution immédiatement lorsqu'il est mécontent. Une sorte de seconde chance pour le gouvernement devant le mécontentement du peuple.

La révolte intervient pour le regain d'un contrat équitable en somme. Soit c'est une question de forme de l'Etat qui ne convient plus, soit c'est les personnes au pouvoir qui pervertissent le contrat établi. Se rebeller contre les dépositaires de l'autorité est naturel et normal, et assez peu risqué. Nous conservons le même régime, nous changeons juste de tête, il n'y a pas de rupture dans le contrat. Ainsi les évènements de mai 68 sont le meilleur exemple de cela. La Vème république était satisfaisante en soi, paraissait beaucoup plus stable que les précédentes, sauf qu'elle était asservie à De Gaulle. Le peuple a eu besoin de dissocier son léviathan de celui qui le dirigeait, et qui l'avait installé en partie faut-il le dire. En démocratie, le besoin du changement est inhérent, aussi bon soit le dirigeant, le peuple réclame l'alternance afin de sentir que le contrat est respecté. Poutine et Erdogan sont les contres exemples parfaits, aussi compétents chefs d'Etat peut-on les juger en fonction des valeurs de chacun, ils se maintiennent au pouvoir en bravant les méthodes démocratiques. Sans outrepasser leurs droits, en respectant le contrat d'origine, ils ne seraient plus aux commandes de leurs nations depuis un mandat au moins, par principe.

La révolution est-elle nécessaire ? Sur le concept, non, puisqu'elle ne doit intervenir qu'en dernier recours, un régime n'est pas obligé d'en arriver là pour changer dans le bon sens. Néanmoins, une bonne révolution tous les trois cents ans permet sans doute de remettre les choses en place. Sans doute est-ce ma perception de français contestataire qui prend le dessus dans cet avis.

Cette arme n'est pas que politique. Des révolutions, il y en a à toutes les échelles, et cela toujours contre un contrat qui ne convient plus aux individus. Je ne suis plus d'accord pour souffrir de ma timidité, elle qui m'apportait une retenue appréciable, m'empêche de m'imposer en entreprise. Révolution ! Sortons chanter dans un karaoké ! Trois grammes d'alcool s'il le faut pour me débrider ! Révisons les termes du contrat ! Elle ne garantit plus ma liberté, alors elle doit changer, évoluer. Notre être est l'institution contre laquelle nous devons le plus nous rebeller.

Des organisations qui réclament de subir la cohue d'une foule furieuse, il y en a plein. La famille, le couple, nos cercles d'amis, notre travail, notre club d'échec… La vérité est que nous avons un léviathan accompagné d'une multitude de dragonnet. Pour cela que la vie n'est pas qu'un combat, ce n'est que notre capacité à faire confiance aux bonnes choses. Peut-être est-ce un tort que de vouloir encadrer toutes nos libertés, mais n'est-il pas plus agréable de jouer au tennis dans un club ? Plus facile de trouver des adversaires, de prendre du plaisir plutôt que de taper contre un mur… Si le jeu ne m'apporte plus ce que je recherche, s'il n'est plus cet espace de liberté, qu'il devient une astreinte, je dois le révolutionner. Non pas renverser la structure d'un club entier, cela peut être de changer notre manière d'aborder ce sport, de cesser de faire de la compétition, de faire de l'encadrement au lieu de juste jouer… Ce dragonnet est maîtrisable, il ne peut nous engloutir, on s'en rend assez vite compte. La révolution à mener est simple.

Dans le cadre d'une famille, une révolution est plus compliquée à porter. Tout d'abord, parce que nous pouvons heurter des gens qui nous sont chers. Ensuite, parce que changer les gens est rarement à notre portée. Il est possible qu'il y ait des révolutions qui soient d'abandonner la lutte finale. La révolte demande de l'énergie, elle est censée aboutir à quelque chose, ce n'est pas sûr. Plutôt que de faire confiance en des entités pour notre liberté, il est séduisant de s'en retirer pour s'assumer seul. Sauf que nous sommes des humains, que nous ne pouvons dire avoir réussi à être libres si c'est pour se couper de toute civilisation, il faut savoir faire confiance. Avoir confiance que nous ne retournons pas ciel et terre juste pour avoir mal. Une révolution est un mal pour un bien. Nous perdons espoir lorsque n'apparait pas la lumière au bout du tunnel.

Au-delà de la révolte, il y a l'abandon. Quand sachons-nous qu'il n'y a plus que ça à faire ? Ces petites voix dans notre têtes qui murmurent « Et si… » sont des succubes. Nous les croyons, nous nous attachons à les croire, parce que nous savons que l'on peut repeindre une porte, changer une ampoule, mais qu'un appartement brûlé n'est plus à reconstruire, il faut déménager. Nous acceptons qu'une révolution soit un changement de régime, le changement est plus brutal, nous chérissons nos dragons. Connaître l'identité de celui qui nous tient est plus rassurant que de se balader dans la nature sans dieu ni maître. Peut-être que nos léviathans miniatures sont rassurants, nous savons ce qui nous détient, vers qui tourner notre rage.

Dans le doute révoltez-vous, cela ne vous mènera à rien, sauf à être sûr d'être maître de votre destin. Pas de mystère qu'en psychanalyse on pense qu'il faut tuer le père et la mère pour devenir adulte. Nous n'avons pas tous jeté la terre sur la dépouille de nos parents pour être majeurs et vaccinés, cependant les crises d'adolescences sont indispensables pour se construire, bien qu'à nos trente ans nous désespérions de voir nos vieux déjà vieux. Les révoltes sont destructrices autant qu'elles sont créatrices. Elles permettent de tester aussi la solidité des institutions auxquelles nous avons attribué notre confiance. Que vaut un léviathan dont les écailles peuvent être transpercées par une flèche d'arc ? Nous méritons qu'il résiste à des balistes, sinon notre liberté ne tiendrait qu'à un fil. Il faut se tromper de monstre souvent avant de dénicher les perles rares qui volent en rythme avec notre âme. Ces affrontements sont des occasions pour tester nos propres constructions, ce n'est pas fait pour que tout s'effondre, même si cela peut se produire. Il n'y a que dans la révolte que nous découvrons ce qui nous tient debout, ce qui nous permet d'être libre. L'exemple le plus couramment admis est le couple. Il est normal pour toute personne qu'un couple qui ne s'engueule pas, qui n'a pas connu des ruptures, des nuits un sur le canapé, l'autre dans la chambre, n'est pas un couple. Au mieux c'est une amourette, au plus bas c'est un partenaire sexuel rien d'autre. Nous testons d'autant plus cette structure que nous la jugeons fondamentale dans notre existence, que nous avons l'impression de perdre notre liberté de célibataire, qu'à tout moment notre confiance peut se retourner contre nous à cause d'un baiser dans le cou surpris en venant chercher notre âme sœur au travail par surprise.

Une vie sans révolution est une vie plan-plan qui n'a pas connu le risque. Il est certes important de se contenter de ce que l'on, de reconnaître la valeur de ce qui nous aide à grandir, mais quand pouvons-nous en avoir la preuve mis à part en se séparant de ces choses ? En France nous avons balayé la monarchie pour rétablir un chef aux pleins pouvoirs : Napoléon. Et au vu de la réussite de celui-ci, on ne peut dire que c'était une erreur. Détruire pour mieux reconstruire. De toute façon si vous n'êtes pas prêts à abandonner ce qui vous possède, vous ne pouvez être libre. On aime davantage les personnes lorsqu'on sait qu'elles peuvent partir, sinon nous ne pleurerions pas dans notre lit en imaginant un proche malade succomber.

Il y a tant à subir, que se révolter ne peut pas être un péché.

La Naissance

« On choisit pas ses parents, on choisit pas sa famille, on choisit pas non plus les trottoirs de Manille, de Paris ou d'Alger pour apprendre à marcher. », Maxime Le Forestier.

Ce choix dont nous avons défendu la nécessité pour être libres nous est retiré dès la naissance. Un appui nouveau aux partisans du déterminisme et de la destinée. Il faudrait s'émanciper de suite de l'endroit où nous avons respiré pour la première fois. Hypothèse impossible à concrétiser, puisque un humain n'est pas autonome avant au moins ses six ans dirons-nous. Encore qu'il devrait vivre dans la forêt en raclant des baies, en dehors de la société actuelle. Nous sommes dépendants de ce hasard gigantesque qu'est notre naissance.

Que l'on découvre les rayons du soleil à travers la vitre d'une clinique dans le Loir-et-Cher, ou que l'on se retrouve déposé devant l'église de Porte de la Chapelle, cela ne définit pas qui nous serons. En revanche, cela définit ce que nous aurons comme liberté à acquérir. La vie de l'enfant abandonné sera plus rude, rien ne sert de faire un éloge du malheur. Il sera moins prisonnier du confort, il devra prendre davantage de décision en cela il sera plus libre, sauf que ses choix se feront avec plus de contraintes que son compère bien né. Le privilégié se heurtera à des structures plus solides, à la fois plus rassurantes et meilleures pour l'éduquer, il lui faudra une force particulière pour parvenir à s'en affranchir.

Une naissance définit où nous étudierons, qui nous fréquenterons, nos loisirs, notre respect des institutions, nos choix de carrière… Tout part de là. Le lancer de dé de Dieu ne consiste pas à obtenir un double pour gagner. Il retourne un gobelet avec six-cents soixante-six six faces. Le nombre de combinaison est si grand, qu'on ne peut calculer de quoi sera fait son propre enfant. Si nous sommes optimistes en pensant que nous pouvons tout révolutionner par la suite, il y a une position de départ à ne pas négliger. Nous serons toujours de là où nous sommes nés. Apprenons à l'oublier autant qu'à s'en souvenir. Se détacher de ce qui est dit de nous dans le livret de famille et le carnet de santé.

Nous conserverons des traces d'une éducation catholique en faisant un signe de croix en visitant un prieuré. Nous garderons le réflexe de ramasser le linge en rentrant du collège parce que notre mère travaillait. Nous ne parviendrons pas à être pédant devant un ouvrier en mémoire de notre père. Nous saurons nous adresser au chef d'atelier, parce que mamie nous tapait sur les doigts lorsque nous jurions. On donnera moins d'importance à l'argent, que l'on ait eu l'habitude de vivre sans, ou que l'on ait vu qu'il importait peu au bonheur.

La naissance c'est plus que du simple passé, c'est l'origine, la cause première de notre existence. De la manière dont nous nous rattachons à notre mort comme le point final, la naissance est la majuscule marquant le début. En fonction de la calligraphie de cette lettre, la beauté du texte sera fluctuante. Il sera toujours possible de modifier le contenu, d'améliorer cet aspect esthétique au fur et à mesure des coups de griffe.

Il me vient une réflexion de Schopenhauer à vous rapporter si vous l'ignoriez. Dans sa « Métaphysique de la mort », il se montre stupéfait qu'en général on soit choqué du néant qui viendrait après la mort, mais assez peu du néant avant notre vie. Il est pourtant plus compréhensible qu'un jour les éléments disparaissent, plutôt qu'ils n'apparaissent. Nous savons qu'un jour notre soleil explosera et emmènera dans sa supernova tout notre système, nous recherchons toujours la vérité quant au big bang créateur. La création nous fascine et nous semble si naturel à la fois. Mettre au monde un enfant est un miracle plus mystérieux que notre mort. Notre vie n'est qu'une fraction de seconde à l'échelle de l'univers, d'où notre obligation à devenir libre. C'est ce que nous recherchons : une seconde de liberté. Alors que nous naissions un jour est un regroupement de tant de hasard que nous ne pouvons que crier au contact de l'air. Un cri, un cri de victoire, un cri de liberté. Merci ! Je vais pouvoir être libre ! Au moins une seconde ! Je n'en demande pas plus !

Nous sommes dépendants de notre naissance car elle est ce miracle qui nous tire du néant. La question de savoir si nous étions davantage libres dans le rien que dans le tout nous est impossible à résoudre. Parait-il que même les morts ne nous ont pas communiqué la réponse. Malgré les tentatives de certains de faire un tour aux enfers et de revenir à coup d'électrochoc parmi nous. La naissance est l'opportunité de devenir libre autant qu'elle est l'astreinte de ne pas réussir. Il faut avoir la chance de perdre pour avoir la chance de gagner, il n'y a aucun pari qui est assuré d'être remporté.

L'endroit où nous sommes nés sera toujours un lieu à déconstruire, une esplanade dont nous nous souviendrons, une sorte de sanctuaire, sacré ou païen cela dépend, où nous nous retrouverons. Les marques rituelles de notre tribu d'origine peuvent s'effacer avec de l'eau, elles pourront être retracées plus tard. À notre guise.

La Maladie

Retour à une restriction plus concrète de notre liberté : la maladie. Il est évident que je ne compte pas vous évoquer les grippes et gastro-entérites saisonnière, nous allons parler des vraies pathologies. Celles qu'on peut traîner comme un boulet toute une vie durant, ou plusieurs années avant de chuter. Nous ferons la différence entre deux cas. S'il y a ceux qui naissent valides et deviennent souffreteux, il y a d'autre part ceux qui sont venus au monde avec leur maladie.

On s'offusque à l'annonce du cancer d'un grand-oncle, pourtant ce n'est pas si surprenant. Tous les humains ne peuvent pas mourir dans leur sommeil. Heureusement. Sinon nous serions convaincus que dormir tue, et nous aurions inventé un processus pour ne plus avoir besoin du pays de Morphée. Nous mettons en horreur la maladie qui nous emporte au tombeau, car nous avons l'impression qu'elle vient raccourcir une existence. Ainsi intervient le pessimisme de Schopenhauer pour nous dorloter : « La marche n'est qu'une succession de chutes évitées. ». Nous pouvons mourir à tout moment, la maladie offre ce luxe de prévoir sa fin.

Nous ne savons pas toujours d'emblée si nous allons y passer, ou si la faucheuse nous ratera d'un cheveu grâce à une bonne chimiothérapie. L'incertitude nous traumatise, elle empêche de prévoir, de se dire « vas-y, il me reste plus que deux mois à vivre, je pars me payer des prostituées à Amsterdam avec la meilleure kush du continent. ». Il y a cette possibilité de vivre qui nous empêche de nous relâcher totalement. Les situations sans espoir en ont toujours depuis que Pandore a ouvert sa boîte. Mourir aujourd'hui ou demain, la probabilité est quasiment identique, le fait de savoir que l'on va mourir nous en fait juste prendre conscience. La vie ne tient qu'à un fil, celui que peuvent couper les moires. Ce n'est pas une restriction à notre liberté d'apprendre qu'un jour nous allons mourir, nous le savons depuis le début, nous avons survécu avec.

Il y a du bon à ce qu'un médecin nous dise : « Vous n'avez plus que trois mois au mieux. ». Il vous donne une dernière chance de devenir libre. La plus grande contrainte de l'Homme vient de se dissoudre dans la fumée d'un cancer des poumons. Trois mois. Si court. Si long. En trois mois nous devons réussir à devenir libres bien plus que durant toute une vie. Dans l'urgence nous dénichons des forces insoupçonnées en notre for intérieur. Nous sommes dans le temps additionnel, en trois minutes nous pouvons renverser le match. Il serait toujours préférable de ne pas mourir, et je parle en connaissance de cause vu ma peur de partir avant d'avoir fini ce que je veux accomplir, dans l'impossibilité de l'immortalité, connaître la date de sa mort est un bonus non négligeable.

Si nous avions connaissance dès notre naissance de la date de notre enterrement, nous nous considérions d'office comme des malades dans le couloir de la mort. La maladie qui emmène au trépas n'est pas un drame, elle est naturelle. Oui, apprendre à vingt-cinq ans que l'on est atteint d'une leucémie donne un goût amer à nos rêves. Peut-être aurions-nous été renversés à vingt-six ans par un poids lourd. Et que dans cette année supplémentaire, nous n'aurions rien appris de plus.

Bien que les derniers mois de la maladie de Charcot, où notre corps se paralyse au fur et à mesure, ne sont pas les plus amusants. Nous ne pouvons pas prendre un vol pour le Népal vérifier les légendes sur le Yéti. Il n'y a plus rien à perdre, tentez tout ce que vous voulez pour devenir libres. Regardez votre aîné, dites-lui qu'il vous a déçu, plusieurs fois, que vous aimeriez le gifler, malgré tout que vous l'aimez. Cette chance unique de savoir que l'on va mourir vous autorise à tout dire, à tout faire, au pire dans deux mois vous serez entre quatre planches. Vous n'avez plus que ça à faire être libres, après des années à avoir dû courir derrière un travail, un mariage, le bonheur, les autres, vos obligations, là vous ne devez plus votre temps à personne. Ce temps est devenu vôtre, entièrement vôtre, libérez-vous.

J'écris ce passage comme si je savais ce qu'il en était vraiment, comme si je pouvais donner des conseils. Excusez-moi de cette condescendance. Il est déplacé de ma part, moi qui n'ai jamais souffert physiquement, de vous parler à la façon d'un professeur. Ceci n'est pas une leçon. Ceci est ce que je souhaite à tous ceux qui sont dans cette situation, ou le seront, vous avez la liberté d'être libres sans qu'on ne vous le reproche, faites-le.

Par ailleurs, la maladie n'est pas qu'un foudre mettant le feu à notre tronc, elle peut être ce champignon qui nous vampirise depuis notre naissance. Mon meilleur ami est venu au monde avec une pathologie au cœur, il n'a jamais pu faire de sport, de manèges à sensation, partir en voyage scolaire, boire de l'alcool... On peut se dire que celui qui n'a pas connu ne peut pas être privé, c'est une fausse excuse. Un aveugle ressent bien le handicap qu'il a par rapport aux autres de ne pas voir, bien qu'il puisse se suffire de ce qu'il a. Le manque est un sentiment de comparaison, je me sens en besoin de quelque chose car autrui le possède. Que cela soit du savoir, des vêtements, un bijou, une maison, la notoriété. Il y a une restriction de la liberté dans le sens que nous la comparons à celle des autres. Nous faisons fausse route sans doute à éprouver sa réalité à celle de son voisin constamment. Il m'est bien facile de dire ça, moi qui n'ai manqué de rien, qui n'était ni trop moche, ni trop gros, ni trop bête, ni trop fragile. Je nous revois, mon ami et moi, dans la cour de l'école, à jouer au football. Il ne pouvait courir plus de dix mètres sans être essoufflé, alors il restait devant les cages adverses attendant que je lui remonte le ballon pour qu'il puisse tirer au but. Nous nous arrangions de la sorte, il était forcément moins libre que moi. Si je voulais sécher les cours, je n'avais qu'à escalader le portail, alors qu'il devait espérer pouvoir passer entre les barreaux, et pas possible de s'enfuir en un sprint.

Il n'y a qu'en se contentant, en se répétant que les choses sont ainsi, que cela n'est pas en notre pouvoir de les changer. Nous pouvons devenir libre malgré nos handicaps. Si nous avons davantage de contraintes en fauteuil roulant, nous n'en sommes pas plus limités intellectuellement. Comme je suis dépendant de mes deux jambes pour marcher, cet homme est dépendant de ses bras pour avancer. Ce n'est pas pour réduire le mérite des personnes handicapés, bien au contraire, plutôt un moyen de nous ramener à égalité, nous sommes tous limités.

Le handicap physique est restreignant, il n'empêche nullement la conquête de sa liberté. L'échelle n'est pas la même que pour la plupart, admettons-le. Il y a des expériences qui seront vécues plus tardivement, ou d'une manière très différente. Le plus dur sera le manque de modèles, de repères similaires qui permettraient de se situer. Une petite fille normale trouvera plus facilement des projections à son surmoi qu'un petit garçon aveugle devra attendre qu'on lui parle de Ray Charles. Ce sera plus éprouvant de devoir s'accepter, peut-être plus facile d'accepter les autres et le monde qui les entoure.

Quant au handicap mental, le débat est plus épineux. Est-ce qu'une personne atteinte de troubles autistiques ne peut devenir libre ? Dans la manière dont la philosophie envisage la problématique, cela parait impossible. Tout passe par l'esprit pour s'appartenir, alors que faire si celui-ci est perturbé ? Puis il y a maladie et troubles mentaux, ce n'est pas pareil. Un poilu après la guerre de 14-18 pâtissait d'importantes séquelles, qui enfermaient la plupart des anciens combattants dans le mutisme, dans des insomnies et dans des cauchemars affreux. Les atteintes au psychisme sont un frein considérable à l'atteinte de la liberté. Le dicton « Heureux sont les simples d'esprit. » est un axiome plus que faux, être simple d'esprit signifie trop souvent manquer les véritables objectifs de la vie. C'est se mentir.

Pour les personnes atteintes de pathologies telles que les troubles autistique ou encore la trisomie 21, le défi de la liberté parait complexe. En soit, nous sommes notre propre échelle, pour notre lutte interne, le challenge est à notre hauteur.

1 Corinthiens 10 :13 « Dieu ne permettra pas que vous soyez tentés au-delà de vos forces. ».

Il est certain que les mécanismes à mettre en place sont différents de ceux de la plupart des gens. Une nouvelle fois, le manque de modèle, le manque d'effort de compréhension des gens maintient ces humains en position de faiblesse. Ils peuvent paraître plus fragiles pour la simple raison que nous avons défini ceux qui se portaient biens comme ceux qui ne font pas trop de bruit. À titre personnel, les humains sans faille sont d'un désintérêt profond. Nous sommes tous des névrosés pour reprendre Freud, nous sommes tous des malades. Ce n'est pas affaire d'avoir un nom sur nos troubles mentaux qui est une excuse. Cela veut simplement dire qu'il y a des personnes différentes. Ce n'est pas si grave d'être malade, c'est plutôt grave que l'on soit incapable de s'ouvrir à d'autres systèmes que le sien. Le problème avec les enfants atteint de trouble autistique ce n'est pas eux, c'est le manque de structure pour les accueillir. Tout le monde peut être libre, personne ne peut obéir aux mêmes lois qu'un autre.

La Célébrité

Dans un système où briller est un impératif de réussite, j'aimerais ne plus avoir à ramasser les cendres des ailes des anges qui se sont approchés trop près du soleil.

James Dean, Freddy Mercury, Johnny Halliday, Andy Warhol, Diego Maradona, Mickael Jordan, ces fous de liberté. Sont-ils devenus célèbres pour être libres, ou sont-ils devenus célèbres car ils étaient libres ? James Dean était un accroc à la liberté. Il a eu une existence selon la vision grecque du héros : courte et irradiée de lumière. Il meurt à vingt-quatre ans, n'a fait que sept films, et il est légendaire. Que faire de ce personnage ? Il était libre, parcourez sa vie dans les moindres détails, il n'a pas respecté une seule limite, et il est mort à vingt-quatre ans. Nous savons que nous ne mourrons pas tous libres, qu'un octogénaire, malgré son expérience, peut mourir en prison. Être célèbre, c'est dépasser le temps, dépasser une période, jusqu'à ce que l'éclat de notre étoile ne s'éteigne à jamais. Même le big bang n'est pas une explosion éternelle.

En vie, les célébrités sont censés avoir l'argent, la reconnaissance d'autrui, des passe-droits, une attractivité sexuelle non négligeable, ils ont donc réglé une bonne partie des contraintes des mortels. Même la mort, ils seront les premiers à l'éviter au vu de leur position sociale. Un ensemble d'élément rendant confortable leur situation afin de se pencher sur les questions existentielles de l'Homme. Au grand dam de tous, mais aussi aux railleries de certains, les stars ne sont pas toutes philosophes.

Tout d'abord, il y a les raisons qui mènent à la célébrité. Il y a des acteurs qui se sont retrouvés avec une lumière sur leur travail, de la même manière que l'on reconnait un bon ébéniste. Ce que je veux dire, c'est que la passion a précédé le succès. Ceux-là peuvent souffrir d'être célèbres, ils n'ont pas pour but d'être reconnu dans la rue, ils sont des artistes, vivant pour leur art. Pure coïncidence que leur travail s'accomplisse sous le feu des projecteurs. Dès lors la reconnaissance outrancière peut les empêcher de s'épanouir en tant qu'être humain, ils peuvent ressentir les barreaux de la cage dorée.

Au contraire, il y a ceux qui veulent briller pour briller, prêts à tout. Ceux-là ne seront jamais libres. Si votre raison de vivre est de briller, vous serez toujours dépendants de ceux qui décident où diriger les faisceaux lumineux. Ils voient le but de l'existence dans l'escalade de la pyramide sociale. En haut ou en bas, ce demeurera un tombeau.

La promotion d'un tel système est dangereux. Pour devenir célèbre, il faut parfois être prêt à tout accepter, à se travestir, à convenir à une époque plus qu'à nous-même. Pour la liberté, c'est la pire échelle. Elle lui est concurrente, car elle laisse penser qu'une fois acquise, nous ferons ce que nous voudrons. Faux. Nous serons en train de courir derrière quelque chose que l'on ne peut maîtriser. Parce que, même lorsque nous voulons juste la célébrité, nous avons un besoin métaphysique à combler. Soit nous recherchons l'amour des autres, et je confesse partager ce péché en écrivant, le pouvoir de l'argent, le besoin de s'exprimer, tout autant de désir qu'il faut résoudre avant de s'accomplir. La fuite en avant est un mécanisme trop humain pour qu'il débouche sur la liberté.

Non pas que j'encourage à vivre loin de toute reconnaissance sociale, il serait bon qu'elle ne soit pas la fin de notre existence. Nous ne pouvons dire qu'elle est un moyen pour devenir libre non plus. Les avantages de la célébrité peuvent aider, parfois, pas sa condition propre.

En effet, la célébrité est un carcan assez rigide. Un mot sur le réchauffement climatique comme Marion Cotillard peut nuire à votre réputation, tandis que dix ans plus tard les gens vous soutiendront pour cela. Ce n'est qu'un état éphémère. À regarder de plus près, les carrières les plus longues, conservant un éclat égal plus ou moins, sont celles qui ont su se métamorphoser. Chanter toujours sur les trois mêmes accords, jouer toujours le méchant, n'écrire que des histoires d'amour, peut vous faire briller, votre supernova ne marquera pas la galaxie. Ce changement nécessaire nous l'observons sur les très jeunes stars, par exemple Emma Watson, qui suite au dernier film Harry Potter, a adopté une coupe garçonne pour ne pas rester enfermée dans son personnage. Et lorsque l'on compare les trajectoires des autres acteurs principaux de cette saga, on ne peut pas lui reprocher son choix gagnant. Certes tout cela est marketing, stratégie commerciale, et autre chose futile, pour autant ce besoin de se réinventer, de se remettre en danger est une nécessité à la liberté aussi.

Si le procédé pour rester célèbre est similaire à celui pour devenir libre, qu'en est-il pour devenir célèbre ? Nous avons identifiés deux raisons pour lesquelles les individus veulent être célèbres, mais qu'en est-il du moyen ? Avec internet, le secret pour devenir connu, est devenu connu de tous : faire le buzz. Mot affreux qui sonne comme un vrombissement de frelon dans la bouche d'un mauvais journaliste. « Faire le buzz », c'est plutôt offrir un contenu dont les gens sont demandeurs. Un marché comme un autre. On peut créer la demande avant d'offrir ce que l'on a à vendre, ou comment sommes-nous devenus accrocs aux vidéos de chatons mignons. Alors peut-être est-il possible de planifier son succès, mais faire une vidéo absurde sur internet ne garantit pas qu'elle sera visionnée tant cette toile est gigantesque. Parfois le contenu qui tourne en boucle sur les réseaux sociaux a été posté plusieurs années en arrière, c'est aléatoire.

Le hasard est une particule non contestable dans l'acquisition de la notoriété. Il est impossible de tout contrôler. Claude François s'est fait refaire le nez pour devenir connu, Gainsbourg serait mort inconnu s'il l'avait retouché. Il me semble que soit l'on se vend comme étant extravagant, soit comme étant authentique. Et encore que cela ne veut rien dire. Si je suis différent de tout le monde, être fou ne reviendra qu'à être moi-même, si je suis comme tout le monde, mon extravagance sera de l'assumer.

Je ne peux pas croire au talent, il y a trop de mauvais écrivains qui sont célèbres, il y a trop eu de génie découvert sur le tard, ou après leur mort. Le talent existe, chacun le sien, et ce n'est qu'un super pouvoir à entrainer. Ensuite nous l'exprimons comme nous pouvons, comme nous le voulons. Dali n'avait pas pour talent la peinture. Il avait pour pouvoir de faire fondre la réalité. Il aurait pu être chaudronnier, souffleur de verre, gourou d'une secte. Pour être célèbre il faut savoir utiliser son super pouvoir et le mettre en valeur. Certains ont pour capacité de se faire aimer de tous, et ne sont célèbres que grâce à ça, ils sont là, ils auraient pu être dans le soixante-dix-sept à s'occuper d'une MJC.

Nous avons tous des fans, certes plus ou moins, et en définitif être célèbre ce n'est qu'avoir des supporters. Vous pouvez avoir beaucoup d'argent et que l'on vous connaisse à peine, n'avoir pas beaucoup de fan. Ma grand-mère maternelle est fan de moi depuis ma naissance. Quand je doute de mon existence, de si je mérite qui je suis, de si j'arriverai à devenir qui je veux, si je serai libre, si elle mourra avant de me voir au plus haut de mon être, je pense à elle, car je sais qu'elle croit en moi plus que quiconque. Il y a beaucoup d'autres gens qui croient en moi. Il y a sûrement beaucoup plus de gens que vous ne pensez qui sont fans de vous. Ce peut être un homme que vous ne voyez qu'une ou deux fois par an chez des amis qui adore la manière dont vous parlez, ce peut être votre boulanger qui apprécie votre parfum tous les matins. Nous sommes tous la célébrité d'un autre. Pour l'égo, il est réconfortant qu'on nous le dise, pour être libre, il vaut mieux l'ignorer, nous pourrions céder à écouter nous flatter ce fan toute la journée.

La Routine

Tu m'écrases dans ton moulin qui carbure au vent des ennuis du quotidien. Plus il souffle fort, plus mon âme se brise en morceau, plus j'ai besoin de m'évader de ce concasseur, moins il est facile de rassembler mon être. Il n'y a pas grand dessin à vous esquisser pour saisir en quoi la routine est étouffante. Nous qui prônons désormais le changement, la routine est son contraire le plus stricte.

Elle est rassurante néanmoins cette pesante habitude de devoir sortir les poubelles le mardi, et le jeudi pour la jaune. Cette confiance que notre quotidien ne va pas s'ébranler du jour au lendemain est une base qui permet d'accomplir de belles choses. Sans cette stabilité, nous ne bâtirions pas de famille, nous ne ferions pas de projet à long terme, nous vivrions tout dans l'immédiat et ce serait dangereux. On peut prétendre connaître quelqu'un lorsqu'on sait la manière dont il met la table, s'il coupe l'eau quand il se savonne, et ce qu'il regarde sur son téléphone entre vingt-deux heures et vingt-trois heures. Nos habitudes qui nous tirent vers la routine nous aident à savoir qui nous sommes. La question de départ de la philosophie trouverait-elle sa réponse dans l'immobilisme du quotidien ? Pas sûr. Je tolère que l'on se serve de la routine que si c'est dans le but d'en sortir.

Se réinventer à chaque nouveau lever de soleil serait harassant, nous gaspillerions de l'énergie. Tous les changements ne peuvent intervenir en vingt-quatre heures. Accepter qu'un certain nombre d'action se répète est sain, ces automatismes permettent de délester notre cerveau afin qu'il se concentre sur des soucis d'ordre plus élevé. La routine est un filet de sécurité que nous ne pouvons pas éliminer entièrement. Déjà le fait de se nourrir et de dormir ne peuvent être retiré de nos vies. À moins de manger à des horaires différents chaque jour, ce qui dégraderait votre corps à vitesse grand V pour une liberté anorexique. Constat identique pour le sommeil qui a besoin de régularité pour être qualitatif.

Nous serons libres en changeant, en nous révolutionnant, mais à quoi bon modifier ce qui nous convient ? Attention à ne pas confondre ce qui nous convient et ce qui nous suffit. La suffisance est une forme de peur, une forme de pari affreuse qui consiste à se sous-évaluer. Dans le mariage, lieu où la routine est la plus propice à se répandre, il y a pourtant du bon à savoir que nous rentrons dans un foyer sûr. La routine est la recherche de certitudes. Nous sommes des suspicieux de nature, voilà pourquoi nous recherchons par moment un socle solide et immobile.

Ne rendez routinier que ce qui ne mérite pas votre attention, et ne vous empoisonne point. Si vous jugez inutile de varier les plats, nourrissez-vous de pâtes tous les midis, et d'un brocoli le soir, alimentation équilibrée sans réfléchir. Mark Zuckerberg, pdg et créateur de facebook, porte tous les jours la même tenue pour s'économiser d'une décision à prendre, et s'évite ainsi un fashion faux-pas mortel à son image publique. Pour le reste, il s'efforce de repousser les limites de sa créativité pour que ses réseaux sociaux puissent vendre un maximum de pages publicitaires.

Un peu de routine pour ne pas perdre de temps que nous pourrions employer à rechercher nos véritables libertés.

La Bêtise

La bêtise ce n'est pas être moins doué intellectuellement. La bêtise c'est être con. Cette fainéantise d'activer ses méninges par peur de se faire une méningite. Brel l'accusait dans une interview : « la bêtise c'est de la paresse. C'est un type qui vit et qui se suffit. ». Et nous ne pouvons nous suffire tant que nous ne serons pas libres. Jusqu'à présent, je ne sais même pas si une personne dans notre histoire est parvenue à la liberté, que nous l'ayons frôlée, qu'elle nous soit apparue à l'horizon, sûrement, quant à l'atteindre… Nous sommes encore des idiots devant l'immensité de la tâche, nous ne pouvons pas nous relâcher.

Cette pierre que nous poussons le long de la montagne comme si nous étions les codétenus de Sisyphe, nous sommes contraints de la faire rouler. Si nous cessons de forcer sur nos bras, elle nous écrasera, nous fera rouler sur des kilomètres infinis de descente. Pour en revenir au chapitre précédent, la routine est de se faire écraser, la bonne habitude est de pousser. L'un dans l'autre nous ne serons pas plus libres sur l'instant, sauf qu'à terme il sera plus profitable d'être au sommet, plutôt que d'être écrabouillé en bas.

Ma vision est noircie de valeur capitaliste, cette injonction à tout donner pour se surpasser. Après tout n'appelle-t-on pas cela la libéralisme économique ? Toutefois, autant pouvons-nous être des abrutis en étant un bon capitaliste, autant il est impossible de devenir libre en fermant les yeux. Notre vie est un jeu dont nous définissons-nous même les règles. Certains se contentent de reprendre celles inscrites dans le livret de famille, ou recopient celles des publicités. Quitte à être obligé de jouer autant choisir le jeu, définir ses propres règles, il est idiot de vouloir voler le puzzle de son voisin, nous ne pourrons le résoudre, et n'y prendrons que peu de plaisir.

La bêtise de vouloir rester bête est la pire de toute. Adam et Eve ont eu la bêtise, selon l'Ancien Testament, de croquer le fruit de la connaissance. Preuve que l'Homme n'a pas pour but d'être heureux mais d'être libre, et cela passe par la connaissance. Il ne s'agit nullement de réciter le code civil par cœur, il importe plutôt de découvrir les secrets du cœur. Travailler sur un chantier, ou dans une tour d'ivoire, ni l'un ni l'autre ne détermine votre bêtise. Il est simple de s'asseoir derrière un bureau de responsable commercial lorsque papa a payé l'école de commerce, et que vous avez juste suivi ses règles pour votre propre jeu. L'idiotie de rabaisser cette femme qui a décidé de faire plâtrier-peintre, sous prétexte qu'elle aurait eu moins mal à tenir le secrétariat du médecin, m'insupporte. Il y a trop de bien-pensants qui supposent ce qui serait bien pour vous, sans réfléchir à l'endroit où vous vous sentez bien.

Dans le doute, faites le pari de la connaissance. Il sera peut-être douloureux à votre tradition familiale communiste lorsque vous devrez accepter que ce système n'est pas pour la liberté, mais pour le bonheur, monstre affreusement séducteur. Il sera peut-être agréable, car en étant sensible aux inégalités, vous découvrirez comment aider à les résorber. La bêtise est l'acceptation. Non pas que je puisse critiquer Marc-Aurèle et Epictète, le stoïcisme ne mène qu'à un suicide vain.

La bêtise empêche d'être libre car elle empêche d'évoluer, de remettre en question, de s'approprier le monde qui nous entoure. Les financiers le vendent et le rachètent, toutes les heures, le monde, alors il serait plaisant de dire que nous ne pouvons rien faire, que notre maison ne nous appartient pas. Ils n'achèteront pas les idées, la philosophie, nos désirs, ce que nous voyons dans un vol d'hirondelle depuis les vignes du vallon. L'abandon est bêtise. La lutte est la preuve que nous voulons être une meilleure version de nous-même.

Un artiste définit souvent que sa plus belle œuvre est la dernière qu'il a faite. Un peu pour donner envie qu'on la lui achète à bon prix, un peu parce que dans un processus artistique nous visons le mieux. Notre vie, cette toile, que nous devons barioler d'un camaïeu de la couleur de notre âme. La bêtise c'est se contenter de peindre avec un rose saumon, sans chercher à le mélanger avec du bleu, du noir, du jaune. Le refus du risque, de la remise en question, voilà la bêtise qui fait de nous des moutons. Nul besoin d'être un loup éventrant le troupeau pour se sentir plus intelligent, ce n'est pas une compétition, le savoir n'est pas carnassier. Donner un euro à quelqu'un, vous perdrez un euro, donner une leçon sur la physique quantique, vous gagnerez un compagnon. La bêtise est la véritable pauvreté des âmes. Un gouffre sans fond dont on ne peut sortir en empruntant quelques liasses de citation pour paraître supérieur.

Répondant à notre seul devoir qu'est d'être libre, nous avons alors l'obligation de connaître tout ce que réclame notre quête. Certes, par moment, nous trouvons sans chercher, ou sur une erreur, mais le vaccin n'a pas été découvert par un idiot, et la gravité théorisée par une pomme. La bêtise n'engendre que la bêtise, le travail, tôt ou tard, involontairement ou non, porte ses fruits. Vous aurez beau avoir les mains dans le cambouis du matin au soir, rien ne vous empêche d'écouter une conférence sur l'existentialisme, dans la voiture, en rentrant chez vous.

J'admets qu'il y a une science à être bête qui peut nous soulager, nous permettre de prendre les bonnes décisions. Cette paresse-là est un calcul, elle est le temps que notre esprit réclame pour intégrer de nouvelles informations. Nous avons des ordinateurs pour enregistrer tout le savoir de manière encyclopédique, il nous est supérieur en ce domaine sans conteste. L'humain a une vitesse de téléchargement plus longue, mais à la sortie elle est plus prolifique. Toujours dans le repos que l'on élabore les plus beaux navires. Nous ne pouvons être dans l'acharnement permanent de l'amélioration de notre être, sinon nous serions des machines. Il faut par moment avoir juste ce qu'il faut de bêtise pour rester flâner sous un arbre. Dès que vous ne pensez plus à rien, que votre esprit se vide, endormez-vous, à votre réveil vous aurez soif de connaissances nouvelles, comme en manque d'une drogue. Ne soyons pas bêtes au point de le devenir vraiment.

Nouvelle urbaine VI

Juline avait 16 ans, elle avait la tête collée à la vitre de la voiture. Elle dut l'enlever une fois l'autoroute quittée, les route cabossées des landes la cognaient. Nous étions le week-end avant le quinze août, son père avait eu ses traditionnels congés d'été.

La réceptionniste du camping des pins les attendait en habitués : petite bise, petite conduite jusqu'au mobil-home (le petit-frère de Juline monta dans la voiturette de golf), petite prise de nouvelle sur l'état de la grand-mère qui devait arriver la semaine prochaine, petit brossage dans le sens du poil en somme. Juline ne sait jamais si ces amabilités sont sincères ou répondent à un jeu pour conserver le client. Sa mère en tout cas était sensible à ces attentions de l'équipe du camping. Bien que ce soit le lieu de vacances historique de la famille de son mari, elle se sentait ici comme chez elle. Parfois elle râlait qu'ils pourraient partir ailleurs, le Portugal ou la côte d'Azur pour changer. Le père de Juline ne discutaillait point et patientait jusqu'à ce que son silence fasse autorité.

Les étés au camping, pour notre fille aux cheveux caramels qui avaient tendance à rougir avec le sel de l'océan, se ressemblaient trop à son goût. Elle retrouvait les mêmes amis de vacances, qui au fil des ans, ne lui correspondaient plus. Elle les aimait bien pourtant ces étrangers, mais ce qui pouvait ressusciter son désir était les nouveaux visages, ceux qui découvraient ou changeaient de camping. L'année dernière, elle s'était liée à une fille de Roubaix, une blonde plus vieille qu'elle qui la faisait rayonner en allant se faire servir des mojitos au bar. « Pourvu qu'Evelyne soit là ! ».

Loin du bitume de la cour du lycée et de ses trajets de bus pour s'y rendre, Juline se sentait libre. Si ses parents l'astreignaient de la garde de son petit-frère le soir aux jeux, la journée elle était totalement indépendante dans le camping. Le fait qu'elle forme une bande avec ses amis lui permettait de se rendre à la plage sans ses parents. « Une fille seule, hors de question, mais accompagnée des fils Mathulin, tu ne crains rien. ». Les fils Mathulin, deux géants avec le cœur sur la main, se battaient pour séduire Juline qui s'en amusait un peu. S'ils n'étaient pas si gentils et qu'ils la suivaient dans toutes ses aventures, le chaperonnage qu'ils avaient le droit d'avoir sur elle aurait fini par la révolter.

Si, il y a une chose qui la préoccupait cet été : faire sa première fois. En septembre, ses dix-sept ans toqueraient à sa porte pour lui rappeler qu'elle n'a plus qu'un an à être mineur. Elle n'avait pas envie d'attendre sa majorité pour coucher, cela lui semblait tard, et un problème à régler avant de devenir adulte. Elle aurait pu attendre l'été prochain, elle préférait essayer dès celui-ci au cas où. Pour parvenir à ses fins, elle avait élaboré mille scénarios et fantasmes durant le trajet. Un élément clé devant se présenter pour accroître ses chances : Evelyne. Etant plus âgée, elle l'entrainait à fréquenter des garçons plus mâtures, toute belle qu'elle était, des garçons il y en avait suffisant pour elles deux.

Jonchant les mobil-homes et les emplacements des tentes, Juline désespéra de croiser sa marraine la bonne fée. En allant faire un tour au bar du camping, retrouver ses amis jouer au billard, elle reconnut au comptoir Evelyne. « Juline ! Que tu es devenue élégante, même en tong ! ». En vérité, Juline s'en était déjà rendue compte que petit à petit elle ressemblait à une femme, non plus à une adolescente, plus que ses copines de son âge. Elle ne supportait plus d'être une gamine, son esprit et son corps devaient être en adéquation.

Juline et Evelyne repassèrent à leurs mobil-homes respectifs, se changèrent, partirent dans le centre pour boire un coup. « Les fils Mathulin te suivent ? ». Bien sûr que non. Bien sûr qu'elle dit oui. Il n'y avait pas de couvre-feu instauré, implicitement la consigne était de rentrer avant qu'il ne fasse jour.

Evelyne et elle se racontèrent leur année. La blonde avait déménagé à Grenoble pour ses études, et se réjouissait de la vie étudiante. Ses histoires d'amour et de pieux contés, elle demanda ce qui en était pour Juline. « Je me sens prête pour coucher pendant les vacances. ». Cavalière proposition jugea son amie qui était ravie que sa cadette ait envie de passer ce cap. Elle voulut lui donner des conseils, mais elle ne se souvenait plus de sa première fois. Elle hésitait entre deux garçons qu'elle fréquentait tour à tour en seconde. « Alors ce soir, c'est mojito, charo, pecho ! ». Version pour les nés avant 1990 : « Alcool, drague, et baiser ». Le plan fut approuvé par Juline d'un rire franc.

L'obscurité aurait pu les engloutir rapidement, sauf que nous sommes l'été sur la côte Ouest, alors le soleil tarde à s'en aller. Cela permit à Evelyne et Juline de mieux repérer les garçons qui les intéressaient, la mauvaise surprise du matin est une erreur désagréable.

Amertume d'avoir sacrifié son amour propre pour du sexe sale dans le sable.

Un groupe de sept ou huit, avec quelques filles, comportait de beaux spécimens. Evelyne plein d'aplomb s'assit à leurs côtés en tirant Juline par le bras. « Pardon, nous sommes deux amies en vacances, et nous ne connaissons personne pour faire la fête, et comme vous aviez l'air de bien rigoler... ». Les garçons se décalèrent pour leur faire une place. Il aurait fallu qu'elles soient sacrément moches pour qu'ils les refusent. Les deux autres jeunes femmes ne firent pas de complication malgré leur manière de les déshabiller du regard.

Bien joué ! Ils étaient tous sympathiques. Les jeux d'alcool et de séduction ne tardèrent pas à s'instaurer. Juline avait l'habitude de boire, ce qui lui permit de paraître plus âgée. « Qui a déjà couché ? ». Comme tous portèrent le verre à leurs lèvres, elle suivit le geste. Après cette gorgée mensongère, elle ne se sentit plus petite fille. La contrainte d'être une enfant s'était effacée, recouverte par l'assurance émancipatrice qu'on la prenne au sérieux. La barrière était tombée.

Son voisin de gauche, plutôt mignon, multipliait les approches physiques. Il lui chipait son verre pour qu'elle se rapproche de lui afin de le reprendre, profitant du moment où il lui rendait pour caresser ses doigts et soutenir le contact visuel. La stratégie était efficace. Sans doute peu originale, mais bon nous draguons tous de la même manière : comme on peut. Evelyne de son côté s'était amourachée de deux garçons, elle passait des bras de l'un aux épaules de l'autre. Que de plaisir à faire tourner les têtes en imposant un combat de coq au bord des dunes.

L'enchaînement alla aussi vite que défilèrent les mojitos et les vodkas Red bull : Le groupe s'éparpilla sur la plage. Evelyne avait cessé de faire tourner en bourrique ses deux Jules optant pour un troisième. Les garçons avaient l'habitude de venir ici, ils connaissaient les coins tranquilles pour faire leurs affaires. Evelyne déposa un baiser de bénédiction sur le front de Juline et partit dans les fourrées. La peur commença à monter dans les seins de Juline qui se mirent à pointer. Elle suivit son prince charmant jusqu'à une cavité obscure, dissimulée par les pins. Les baisers s'embrasèrent, ses cheveux caramels étaient le feu, ce garçon l'étincelle. Elle allait être libre.

« J'aime bien une forêt de pin, c'est moins bateau qu'une chambre pour une première fois. »

Il baissa son short, elle ne savait comment se mettre pour pouvoir recevoir les coups de bélier qui lui ouvriront les portes de sa vie d'adulte. Il la tourna, elle se retint de justesse à un arbre, dont l'écorce dégoulinait de résine. Et de là l'image du bélier lui sembla que trop bien convenir, elle ne ressentit rien d'autre que les coups de ses hanches proéminentes. L'affaire conclue, en peu de temps, sur un râle bestiale, Juline déguerpit aussitôt.

Elle l'avait fait. Enfin, elle pensait l'avoir fait. Elle était adulte dorénavant. Était-elle adulte ? Plus rien n'avait de sens. La sensation de bien-être dans son corps dont on lui avait parlée, ne se manifesta point. Sur la route pour rentrer au camping, elle se fit klaxonner. « Peut-être que s'il descend de sa voiture et qu'il me viole ressentirai-je quelque chose. ». Le désordre de ses pensées était effrayant. Tous ses sens moraux volèrent en éclat pour trois minutes de coït. Elle, qui savait ce qu'elle voulait, qui était ce brin de femme ne recevant d'ordre de personne, était sous le joug de la misère sexuelle. Une expérience décevante qui ne lui avait rien apporté mis à part de la rancœur envers sa propre personne. Elle voulut s'émanciper,

elle venait de rajouter un chiffre au cadenas de son âme,
qu'elle-même ignorait.

La Confiance

Depuis le début de cet essai, nous rabâchons la nécessité du doute, de la remise en question, du changement, sauf que cela est le processus, ce ne peut être une finalité. Certes ce travail de prendre du recul sur les choses, de renverser la table afin de remettre le couvert comme nous le souhaitons, ne s'arrêtera jamais, mis à part lorsque nous serons libres comme Dieu. Cependant, il n'est pas envisageable de ne se baser sur rien en permanence, nous avons besoin de certitude, et pour cela nous devons faire confiance.

La confiance est l'élément clé de notre liberté. Le monde qui nous entoure peut être une gigantesque blague, nous pouvons tout juste être assuré de « Je pense donc je suis », la démonstration métaphysique du reste est aléatoire tant nous sommes ignorants, alors il faut croire. Comme certains croient en des religions pour se libérer du fardeau de réfléchir, nous devons chacun trouver sa religion. « Dieu est mort », Nietzsche a raison, n'y revenons plus, mais Dieu est à faire renaître. Sans des cartes en lesquelles nous croyons, nous ne pouvons pas avancer.

Il y a trois types de confiance : la confiance en soi, la confiance aux autres, la confiance au monde.

La confiance en soi est celle nécessaire pour les deux autres. Il n'est pas question de transpirer d'assurance si vous vous retrouvez sur la scène de l'Olympia sans savoir chanter ou danser. Il y a des caractéristiques de notre être sur lesquelles nous devons pouvoir compter. Prenons un exemple idiot : un homme grand doit pouvoir se reposer sur sa taille comme une force et non comme un complexe lorsqu'il se tape le front dans une poutre. Nous avons défendu que nous étions hypothétiquement malléables à l'infini, et j'ai l'intime conviction que cela est vrai, mais il y a tant d'élément à contrôler que pour un cerveau humain ce n'est pas possible. Être totalement malléables soutiendrait que dès l'enfance nous avons pris cette habitude de se comporter en caméléon, ce qui est le cas d'un nombre très limité de personne. Cette confiance est une part d'humilité. Reconnaître que l'on est impulsif est le meilleur moyen de se prévenir du danger que peut revêtir un tel trait.

Les Hommes ont tendance à se perdre dans deux péchés : de redouter leur propre personne, ou à avoir peur de se remettre en question. Les deux mènent à l'absence de confiance. La peur est un mauvais guide, elle entraîne à des choix par la contrainte, l'inverse de ce que nous défendons. Nous pouvons avoir confiance en ce que nous sommes, autant qu'en ce que nous pouvons être. Sans confiance, sans croire, il n'y a pas d'espoir, pas de perspective. Peut-être ne suis-je pas si séduisant que je l'estime, mais avoir confiance en mon charisme m'apportera davantage de succès que de me répéter ma laideur. L'essentiel n'est pas toujours d'avoir confiance pour de bonnes raisons en soi. Un léger mensonge peut nous procurer une plus grande énergie qu'une lourde vérité. Tant qu'il s'agit de soi tout du moins, pour ce qui est des autres le jugement doit être plus minutieux.

La confiance en autrui est un pari impossible. Que vous seriez mariés depuis vingt ans, rien n'oblige votre partenaire à ne pas vous trahir, mis à part sa propre volonté. La confiance en l'autre est un prérequis à la liberté car l'Homme est un animal social, il ne peut exceller qu'au contact de ses congénères. Cependant elle nous soumet à la volonté d'autrui, un acte d'emprisonnement volontaire de plus en plus difficile à faire. La confiance en l'humain ne m'inspire pas grand-chose tant il sait se montrer décevant. Nous voudrions ne pas avoir à souffrir de la traîtrise, de se sentir manipulé par des gens à qui nous avons accordé un pouvoir sur notre âme. La vie malheureusement n'est qu'un enchaînement de déception, alors qu'est-ce que ça nous coûte d'essayer de faire confiance aux autres ?

Duras assenait que « aimer est un événement », et elle a raison plus qu'on ne pourrait le penser en apparence. Derrière ces quatre mots presque simplistes, il faut voir à quel point une existence sans amour est terne, à quel point aimer est quelque chose de précieux. Comme tout, au début, nous sommes jeunes, nous regorgeons d'imagination pour peindre, nous débordons de sentiment, puis viennent avec le poids des années et des déceptions une difficulté à se livrer à un autre être que soi. Tout ça parce que nous ne parvenons plus à faire confiance. Se refuser à croire en une autre personne que nous-même, c'est refuser de croire que l'Homme est Homme. La confiance entre nous est essentielle, peu importe qu'elle soit mal utilisée, souvent détournée, et par moment non réciproque. Il n'est pas possible de vivre en doutant de tous. Sélectionnez vos quelques humains préférés, au moins, et faites confiance en ceux-là. Ils seront l'oreille attentive dont vous avez besoin car un esprit ne tient pas en une boîte crânienne.

Vous ne cédez de l'emprise sur votre être que dans le but de vous en libérer. Non pas que vous les considériez comme un moyen, juste que la fin de l'Homme est de devenir libre, donc par essence tout ce que vous faites est dans ce but. À l'inverse, accepter la confiance de quelqu'un est un pouvoir grand dont il n'y a pas de bonnes manières d'user, mis à part de ne pas s'en servir. La confiance mutuelle est un pacte entre deux êtres pour s'élever, peu importe la situation socio-professionnel, l'argent, les travers, les amours. Mon meilleur ami est un fainéant, rêveur, d'un milieu social plus modeste, moins intelligent que moi, et il est l'une des personnes dont je tire les plus grandes leçons. Notre confiance est mutuelle et sans faille, jamais je ne le soupçonnerai de me faire du mal par pur égoïsme. Il est un pilier sur lequel je peux me reposer, un regard extérieur sur mon âme qui me permet d'avancer dans mon combat intérieur.

Si vous ne faites confiance en personne, vous ne perdrez jamais certes, mais vous ne gagnerez jamais non plus. Il faut être joueur dans cette vie, sinon nous le regretterons lorsque nous constaterons qu'il n'y en a pas une autre.

Enfin, la confiance en ce monde est indispensable aussi. Rien ne me garantit que ce que nous vivons soit réel, il se peut que ce soit un mirage. Cette hypothèse n'est pas à mettre hors-piste, tant que rien ne peut prouver le contraire. Rien ne nous empêchera de douter de tout, nous devons garder cette possibilité dans un coin de notre tête. Il faut faire avec ce que nous avons, je marche sur un sol, respire de l'air, et les bébés pleurent la plupart du temps. Pour comprendre ce monde, il est obligatoire de remettre en cause notre savoir sur celui-ci. Néanmoins pour pouvoir l'étudier nous devons croire qu'il existe. Même si sa création est des plus mystérieuses pour l'instant.

La confiance est un don de soi envers des entités que nous ne contrôlons pas. Elle est un risque permanent, qui comme tout risque peut s'avérer perdant ou gagnant. La confiance est cette dose d'abandon de notre être nécessaire afin de mieux se libérer. Une sorte de saut dans la mer, ça fait peur. Au mieux vous adorerez le vent sur votre visage et la sensation de vitesse, au pire l'entrée dans l'eau vous picotera les articulations et l'épiderme. Ce n'est pas si terrible, mais il est vrai que l'Homme est si souvent mauvais qu'on pourrait se demander à répétition quel intérêt de lui accorder un droit sur notre souffrance. La réponse est claire : parce que nous sommes l'Homme, nous ne sommes pas dans une quête individuelle. L'alternance des saisons permet au sol de nous nourrir, l'entraide entre les humains permet que moins de personnes meurent de faim, et notre propre personne œuvre à un infime maillon à ce grand tout. Un tout qui doit avancer vers notre liberté.

Les Limites

Ce concept de limite, de contrainte, d'élément nous empêchant d'être libres est revenu nombre de fois dans cet essai. Nous ne l'avons pas vraiment défini en tant que tel, nous contentant du sens commun du mot pour se comprendre.

Les limites peuvent avoir une multitude de costume différent pour une même conséquence : nous entraver. Il y a les contraintes physiques, les contraintes matérielles, les contraintes métaphysiques, ou encore des contraintes affectives. Tout peut nous être une contrainte en réalité, il est souvent plus fréquent de se retrouver entouré de choses qui nous limitent plutôt que de choses qui nous libèrent. Néanmoins, l'identification de ce qui nous retient est un pas important vers notre liberté.

Selon ma perception de l'équation, toutes les parties connues sont résolubles sans difficulté en comparaison des inconnues. Dès lors reconnaître ce qui nous empêche d'aller au-delà est la possibilité de pouvoir renverser le problème.

Connaître les barreaux de notre prison est le meilleur moyen pour savoir comment les scier. Mais est-ce que toutes les limites sont surmontables ? En effet, ce qui a le pouvoir de nous piéger est peut-être supérieur à notre volonté propre. Le manque d'argent a une solution des plus cartésienne, en avoir plus. Le raisonnement est en ligne droite, il n'y a pas d'autres moyens que de s'émanciper de cette contrainte. On pourrait entendre qu'il faut savoir faire avec peu, que faire lorsque votre peu est égale à rien ? Un compte en banque vide, nous l'avons déjà écrit, est un frein à notre liberté, il bloque nos ambitions, nos projets de vie, notre espérance de vie. La vie n'est pas un film, alors il n'est pas toujours possible de commencer en bas d'un bâtiment délabré, et de finir en haut d'un building au seul mérite de son travail. Pire encore que pour combler ce manque d'argent nous pouvons céder à pratiquer des activités illégales. La contrainte se déplace alors du manque d'argent à la menace de la justice. Obligé de mettre en jeu une part importante de sa liberté pour en récupérer un peu ailleurs.

Autant pour ce qui est des contraintes matérielles, les solutions semblent claires aussi ardues soient-elles à obtenir, autant comment nous extraire de nos affects ? Il n'est pas novateur qu'une mère poule puisse être un frein à l'expansion de ses enfants par crainte qu'ils ne s'éloignent, couper le cordon n'est pas si évident pour tous. En réalité, ce « cordon » est ce « lien » qui nous unit. Briser les limites est un acte douloureux en bien des manières. Rien qu'une rupture, même lorsque nous en sommes l'initiateur, est une césure qui demande un petit temps à être digérée. Se couper des affects qui peuvent nous empêcher d'évoluer est une décision dure à prendre, et à faire comprendre. Les Hommes nous les aimons avec leurs qualités et leurs défauts, et il est horrible de se délester de certains en raison de leurs qualités par moment. Il se peut que fréquenter des personnes meilleures que nous dans notre profession nous permette de progresser, tout comme il est envisageable que n'arrivant pas à suivre, nous ne parvenions pas à nous améliorer. Tous les départs ne sont pas sans retour, en revanche rester immobile ne vous fera que savourer l'amertume d'orages que vous ne supportez plus.

Les affects ont cette hypocrisie qui est qu'ils peuvent être dépassés par d'autres affects. Vous êtes amoureux, vous souffrez du départ de la femme de votre vie, d'ici quelques mois, quelques années, vous rencontrerez une nouvelle femme de votre vie et tout ira mieux. Pour ce qui est des névroses, elles ne se supplantent pas entre elles. Vous n'en pouvez plus de vous lever chaque matin sans savoir pourquoi, vous aurez beau réfléchir à la question, vous ne trouverez peut-être jamais la réponse. Il faudra une étincelle venue d'ailleurs ou de nulle part pour vous aiguiller. Par narcissisme, j'aimerais être ce vent de fraîcheur, par ce livre, pour les gens qui sont esclaves de leurs névroses. Au fond, nous sommes tous les prostitués de notre psyché. Elle nous exploite, nous fait tourner en rond, et nous nous soumettons à ce cirque dans l'espoir de glaner des perles de sagesse que nous dépenserons pour passer du trottoir à la croisette des anglais.

Nos névroses sont des cicatrices, il ne faut pas s'acharner à vouloir les guérir, cela est vain. Traitons-les lorsqu'il est encore propice d'opérer, après ce sera retourner le couteau dans la plaie. Une personne qui n'a pas vu son père pendant dix ans jusqu'au mariage de sa sœur, ne peut pas continuer à déchiqueter ses rapports paternels. Il faut laisser aller, notre esprit est en constante méprise de la liberté, réfléchissons moins lorsqu'il suffit de ressentir. Quitte à avoir un cœur autant s'en servir pour panser nos maux de tête. Lorsque les papillons dans le ventre vrombiront dans notre poitrine, la tête sera là pour raisonner et outrepasser cette relation insecticide. Il n'y a pas de limite à ce que l'on peut supporter, jusqu'à ce qu'on ne le supporte plus, alors tant que vous êtes vivants, vous avez encore une chance de vous libérer.

Il me semble que nous nous limitons plus qu'il n'y a de limite en vérité. Tout ce que nous possédons, nous pouvons le jeter par la fenêtre en un mail, une phrase, un geste. Hormis votre maison, qu'il vous faudra incendier plutôt. La seule limite qui nous retient est la peur. L'humain est un animal comme un autre, il vit par peur et être libre fait peur d'où que certains prônent l'usage de drones de surveillance en ville. J'ai vu des humains qui ont eu peur de penser alors ils restaient dans leurs préconçus, d'autres qui avaient peur de faire trembler leur monde, et des lâches, comme moi, qui ont eu la peur d'avoir peur.

Sans peur, nous serions déjà tous libres. Mais comment empêcher l'Homme de raisonner, de matérialiser ses craintes dans des calculs pertes/gains ? Nous estimons que sacrifier une chose doit nous en rapporter une autre, alors que cette équation ne se vérifie nulle part. L'explication est idiote : nous ne savons pas comment évaluer la valeur. Si cette logique s'applique en économie, au point qu'elle a déformé nos cerveaux, le concret, la pensée humaine, ce qui ne repose pas sur des bouts de papier, répond d'un mécanisme trop complexe pour être monnayé.

Au-delà de la peur se trouve un monde sans limite. Nous n'avons aucune injonction à devoir tout tester, au contraire, ne faites que ce qui vous fait envie, mais ne rechignez pas parce que vous avez peur. Derrière chaque terreur se cache un aveu de culpabilité, la marque du Diable qui au prétexte de la sécurité vous empêche d'accomplir de grandes choses. Il vous coupe les ailes, revanchard d'avoir été déchu des siennes. Nous avons tout pour devenir des anges, y compris la possibilité d'être dans le mal. Notre pouvoir est plus grand que les limites que nous tendons dans notre esprit.

231

La Volonté

Les chapitres défilent, et j'ignore si je suis parvenu à m'approcher de la liberté ultime, en tout cas j'ai eu la volonté de la saisir. Cette volonté, que j'emprunte à Schopenhauer, est en fin de compte notre moteur pour être libre. Nous avons débuté cette réflexion en exposant la nécessité du choix, sans pour autant s'attaquer à l'énergie qui nous habite nous poussant à les prendre.

Il n'y a que la volonté en nous, cette puissance vitale qui fait fonctionner notre organisme malgré nous. Si elle nous astreint à vivre, elle nous offre surtout une chance unique dont nous n'avons pas encore prouvé l'existence ailleurs dans l'univers. Notre accomplissement à chacune de nos respirations est le résultat de notre volonté, et une volonté a toujours un but. Schopenhauer, pessimiste par nature, occulte cet aspect de la volonté, la laissant pour compte ne menant à rien, car l'Homme n'a point de but. En terme de syllogisme et de raison, je n'ai pas la capacité de remettre en question sa logique, néanmoins j'ai le droit à l'intuition.

Mon intuition est que si nous sommes des êtres doués de volonté, bien que nous serions esclaves d'une destinée résultant d'une suite mathématique indéchiffrable, ce serait pour briser ces cercles infinis qui nous ramènent sur le rivage comme les rouleaux des vagues. À quoi bon aurions-nous une volonté, un système propre, si ce n'était que pour répondre à un algorithme parfait ? Résoudre ces interrogations par le déterminisme me parait à la fois parfaitement construit, et à la fois un aveu de faiblesse. Nous ne pouvons cesser de retourner l'équation. En philosophie, les problèmes neufs sont rares, mais les réponses définitives davantage.

Il y a notre liberté à conquérir par notre volonté. Evidemment que notre volonté subit les influences de notre vécu, de notre éducation, de notre entourage, de notre profession, mais n'est-ce pas une volonté que d'être au confluent de tout cela ? À quel moment sommes-nous obligés de rester là où le hasard nous a déposés ? La volonté brûle en nous, et il ne s'agit pas de raviver la flamme, plutôt d'accepter qu'elle peut soit nous consumer soit nous faire briller. Elle me réduira en cendre si je la confine à mes fonctions vitales. Elle m'illuminera si je cesse de me taire lorsque je vois un SDF se faire cracher à la gueule sur la chaussée.

Croire. Voilà à quoi nous en revenons. Il est certain que nous possédons une volonté, croyons qu'elle puisse supplanter le fil du destin que l'on nous a tissé. Ce combat pour la liberté est la révolte des Hommes contre ce qui a décidé qu'ils existent. Tout réside en l'usage de notre volonté. Nous ne voulons pas être heureux, c'est une fausse excuse à ne pouvoir accomplir quelque chose de grand, une fausse piste. S'extraire de la lutte sous prétexte de sourire les dimanches dans un rocking-chair, est la peur d'user de sa volonté à bon escient. Il ne me semble pas que Dieu se soit permis de gaspiller sa parfaite volonté à une telle futilité qu'est le bonheur.

Mon point de vue est celui d'un extrémiste de la liberté. Il est bien normal de se reposer le dimanche dans son canapé, mais ce ne doit pas être le but de son existence. Cela me rappelle un épisode dans « Martin Eden », de Jack London. Martin veut devenir écrivain à tout prix, pour cela il se tue à l'écriture en enchaînant les petits boulots dans la misère. À un moment, il n'en peut plus de traîner dans la boue de son encre, il passe d'une vie de reclus devant une feuille, à une vie d'ivresse devant le comptoir. Le personnage nous livre alors « Vivre moins, c'était moins souffrir». Il avait abandonné d'exercer sa volonté pour des délices lui faisant oublier qu'il mourrait chaque jour un peu. Le feu en nous crépite nos veines semaine après semaine. Je préfère me calciner au troisième degré à essayer de le maîtriser au lieu qu'il ne me fume comme une vulgaire blonde.

Tout est une question de volonté. Il n'y a pas de choix sans volonté, pas de destinée sans volonté, pas de vie sans volonté. Nous en avons une particule en chacun de nous, et preuve en est que la puissance du nombre finit toujours par supplanter la tyrannie d'un seul. Une personnalité politique ne recherche que ça, que nous lui confiions notre volonté, car elle est notre seule bien. L'esprit peut être manipulée par des spots publicitaires, le cerveau peut se retrouver entraîner dans ses mécanismes que les psychiatres essayent de fourvoyer à grand coup de médicament, à la fin, pour s'extraire de n'importe quel carcan, il y a la volonté.

Pour les cas des addictions, créées de notre propre chef ou injectées par la société, la grossièreté est de dire « C'est juste une question de volonté pour s'en sortir hein. Je connais le mari, d'une amie à ma mère, il buvait, il a voulu en sortir pour ses enfants, il en est sorti. ». Ce n'est pas si simple. En effet, la volonté est notre puissance à transformer ce qui nous entoure et nous-même, donc il est cohérent qu'une telle situation doit passer par la volonté. En revanche, la volonté n'est pas supérieure à nous. Elle ne peut pas nous éviter toutes les trappes, voire elle peut nous mettre le pied dans le piège à loup. Les personnes sujettes d'addiction ont souvent des volontés inachevées, ils ne parviennent à concilier leur puissance de feu avec le bon calibre de fusil. La volonté se travaille. Certains ne tomberont jamais dans cet enfer, et ce ne sera pas par volonté d'être libres, juste sauvés par un milieu social favorable. Je n'entends pas richesse par milieu social agréable. L'entourage, les modèles, les perspectives, voilà ce qui peut éviter que l'on sombre sans que nous ayons recours à notre volonté. La liberté est une quête qui commence le jour où l'on comprend qu'elle est l'unique raison de notre volonté. Les drogués sont des gens qui ne savent pas se servir de leur volonté, non pas des gens n'ayant aucune volonté. Apprendre à manier le feu est plus complexe que le faire naître entre deux cailloux.

La volonté de liberté de l'Homme lui est transcendantale. Au final, nous en arrivons à cet ultimatum : soit nous nous rangeons dans l'esclavage de la vie, soit nous nous faisons serviteur de la volonté de la liberté. Sachant que l'option numéro une, est davantage le refus de son humanité, puisque par essence nous sommes conçus pour vouloir la liberté.

Voulons jusqu'à ne plus rien vouloir. Raisonnons nos désirs jusqu'avoir envie de désirer. Nous sommes des monstres cracheur de feu. S'il faut environ sept existences pour atteindre le Nirvana, l'extinction de la flamme, c'est que nous sommes juste des dragons lançant des flammes sur tout ce qui nous entoure. Nous prenons place au paradis une fois que nous avons consommé toute notre volonté d'être libre. Elle est immense, notre brasier est trop intense pour un seul corps. L'esprit traversera les époques et les mondes avant de s'éteindre sous une pluie amazonienne que nous ferons tomber dans notre thorax. Il n'y a rien qui contredit que nous ne servons à rien, que tout est joué d'avance. Mais combien de siècles n'avons-nous rien trouvé pour déconstruire que nous étions une race supérieure ? Toutes les sciences resteront des croyances tant que l'on pourra douter, tant que l'on voudra douter. Ce n'est pas parce qu'il est difficile de défendre que nous sommes nés pour être libres, qu'il est fou d'adhérer à une telle croyance. Notre volonté est insolente, désinvolte, faisons tapis, misons tous sur le fait que nous avons la volonté pour être libre. Il n'y a rien à perdre mis à part une vie qui sans ce pari n'est vouée à rien d'extraordinaire.

Conclusion

En conclusion il ne me reste que peu à dire. Je n'ai plus à vous convaincre. Si vous ne l'avez pas été depuis le début de ce livre, il est peu probable que je renverse votre opinion dans ces dernières pages. Vous savez, je me suis lancé dans la rédaction de cet essai sur une simple intuition, un simple ressenti. C'est peu pour réussir à poser un argumentaire critique révolutionnant la philosophie. Ce n'était pas mon ambition. La seule prétention que j'ai, avec cet essai, est que j'aurai pu, modestement, aider quelqu'un, au moins une personne qui se serait reconnue dans un passage et qui se sera dit « Mais putain, c'est ça mon problème, je dois agir. ». Plus qu'un appel à la liberté, c'est un appel à la révolte.

Il y a trop de choses qui nous gouvernent pour accepter de ne jamais se battre contre rien. Tout peut paraître trop grand, trop dur à bouger, trop dur à changer, et ce sera sûrement le cas, mais que préférez-vous : vivre comme si vous étiez dans une geôle ou vivre comme si ce monde était la plus grande liberté que vous aviez ? Ce monde est ma liberté, parce que je veux qu'il soit ma liberté. Il est crade, injuste, affreux, exploite des enfants pour que je puisse taper ces mots sur mon clavier, mais je veux me battre. L'Homme a trop d'excuses pour cesser de lutter. La philosophie, l'histoire, la littérature, les arts en général, ne sont pas les évasions des Hommes, ils sont des champs de bataille, et une guerre ça se gagne, ça ne sert pas d'excuse à la pauvreté.

En introduction de ce livre, je vous disais avoir vécu uniquement pour la liberté. Je l'ai cru. C'était faux. Je l'ai compris à un moment où j'aurais pu tout foutre en l'air par peur de ne pas réussir à être libre. Aujourd'hui, ce court essai est une lettre d'un ami qui vous veut du bien plus qu'il ne cherche à vous pervertir à ses idéaux. Il y a peut-être une liberté toute puissante, c'est mon point de vue, il y a sûrement des moments de liberté dont il faut profiter. Plus que des instants de bonheur qui apportent satisfaction, les instants de liberté amènent l'apaisement. Notre volonté a tout pour nous réduire en cendre, mais n'est-il pas le plus splendide des spectacles que de voir un feu de bois réchauffer un foyer entier ? Notre bouche évacuera la fumée, et les pièces de notre esprit, y compris les plus éloignées, les plus humides de pleurs, seront adoucies par la chaleur de cette volonté d'être libre.

Prenez soin de ce que vous voulez, prenez soin de ce qui vous rend libre, prenez soin de vous.

Excuses

Pardon Garance de t'inonder de notes vocales, de t'imposer le travail d'un éditeur, d'un agent, d'un conseiller de vente, le tout à des heures impossibles.

Pardon à Antoine, Imène, Laura et Imène de vous avoir imposés tant de travail pour transformer ce manuscrit en un livre.

Pardon aux graphistes d'avoir osé leur demander « un noir et blanc mais pastel, et avec de la couleur ».

Et surtout pardon à tous ceux qui s'inquiètent pour moi. Promis je me calmerai, juste avant de mourir.